KB237060

고령화 사회와

유니버셜 웹 네비게이션 디자인

이 저서는 2006년 정부(교육인적자원부)의 재원으로 한국학술진흥재단의 지원을 받아 수행된 연구임 (KRF-2006- 신진교수지원-G00028).

KSI 한국학술정보㈜

고령화 사회와
유니버셜 웹 네비게이션 디자인

배 윤 선 지음

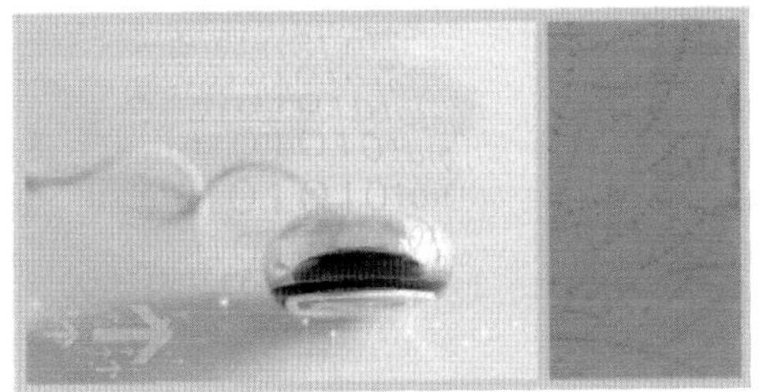

KSI 한국학술정보㈜

내가 인터넷을 처음 접한 것은 미국에서 대학원을 다니던 시절인 1993년쯤이었다. 당시에는 Mosaic라는 웹 브라우저를 이용하였고, 인터넷은 내게 너무나 낯선 개념으로 다가왔었다. 그렇게 낯설었던 웹이라는 매체는 짧은 역사와 함께 대중화되어 현대인들 모두가 사용하게 되었고, 우리는 인터넷과 웹을 이용하지 않고는 하루도 살아갈 수 없는 세상이 되었다.

웹의 발달과 동시에 제공되는 정보도 점차 거대해졌고 사이트는 포털화가 되기 시작했다. 정보구조는 초기의 단순한 구조에서 벗어나 복잡해졌으며 이러한 복잡한 정보구조에서 인터넷에 익숙하지 않은 사용자들은 점점 소외되기 시작했다. 소외된 계층은 정보력이 더 떨어지게 되었고, 정보의 빈익빈, 부익부 현상이 일어나게 되었다. 초기에 젊은 전문가 집단들이 웹을 사용했기 때문에 웹 인터페이스 디자인은 젊은 사용자 위주로 개발되었고 이러한 현 상황에서 모든 사용자에게 쉽게 정보를 안내하는 웹 네비게이션의 개발은 정보 소외 계층에게 새로운 의욕을 고취시킬 수 있다.

짧은 역사를 가지고 있는 웹 인터페이스 디자인은 인터넷에 익숙한 사용자뿐 아니라 정보 소외 계층을 위하여도 디자인되어야 한다.

고령화 사회에서 인터넷 사용자 역시 고령화가 될 수 있다. 고령자가 인터넷을 이용하여 쉽게 정보를 찾을 수 있는 웹 네비게이션 디자인의 개발은 그들에게 새로운 경제활동, 여가생활, 친목도모, 사회봉사 등 새로운 가능성을 제시해 줄 수 있다고 생각한다.

2007년 6월 배윤선

차 례

I. 서 론

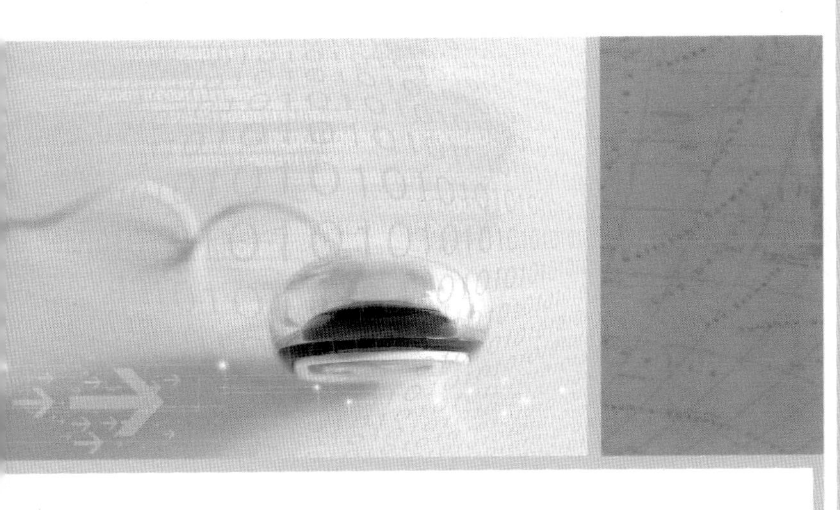

1. 고령화 사회와 인터넷 미디어

1970년대가 기술을 중심으로 하는 기계적 테크놀로지(machinery technology)의 시대라면 오늘날은 지식과 정보를 중심으로 하는 지적 테크놀로지(intelligent technology)의 시대라고 말할 수 있으며[1] 이러한 지적 테크놀로지 기반의 사회에서는 누가 정보를 많이 소유하는가가 새로운 경쟁력으로 대두되고 있다.

인터넷은 오늘날 생활의 기반이 되는 커뮤니케이션의 수단이 되었으며 현대인들은 인터넷을 통하여 정보를 보다 신속하고 정확하게 공유할 수 있다. 인터넷은 정보를 무한하게 제공할 수 있는 가능성을 가지고 있지만 사용자에게 복잡한 지적 능력과 학습, 그리고 교육을 요구하고 있고 인터넷 미디어는 기존의 미디어보다 컴퓨터의 활용 능력뿐 아니라 외국어 능력이나 지적 판단력을 더 요구하고 있다. 이에 따라 정보 획득에 따른 정보 격차 문제의 발생과 디지털 격차(digital divide)는 심각한 사회적 문제로 대두되고 있다. 인터넷 미디어는 노인이나, 어린

---

1) 성동규, 라도삼(2002). 인터넷과 커뮤니케이션. 서울: 한울아카데미.

12

이, 장애인 등을 정보 소외 계층으로 분리시켜서 정보의 빈익빈 부익부 현상을 발생시키고 계층 간의 위화감을 심화시켜 문화적 불평등을 악화시키고 인터넷 이용 계층과 비(非)이용 계층 간의 갈등을 촉발시킬 수 있다. 따라서 남녀노소 구별 없이 누구나 인터넷 서비스에 접근할 권리를 부여하여 인터넷 미디어의 복지기능을 강화시킬 필요가 있다.[2]

미국에서는 이미 웹 사이트에 접근 균등한 기회를 보장할 수 있는 장애인 복지법 508조가 입안이 되면서 다양한 환경에서 각기 다른 능력의 사용자가 공평하게 웹을 통하여 정보를 얻을 수 있도록 법규로써 이에 관한 내용이 제정되어 있다. 따라서 미국에서는 누구나 웹을 통하여 정보를 평등하게 공유할 수 있도록 국가적인 배려가 되어 있으나 아직 우리나라에서는 고령자, 장애인, 어린이, 저소득층, 저학력층 등이 인터넷을 이용하여 정보를 활용함에 있어서 청·장년층과 균등한 기회를 갖지는 못하는 실정이다.

노인의 정의는 물리적, 기계적인 시간의 측정에 의하여 연령이 몇 세인지로 규정하는 시간 연력의 방법과 심신의 기능의 변화에 따라 노화현상이 어느 단계에까지 이른 것을 노령으로 간주하는 실제적인 방법인 생활 연령에 의한 방법으로 나눌 수 있다.[3]

노화는 시간의 흐름에 따라 유기체의 세포, 조직 또는 유기체 전체에 일어나는 점진적 변화라 한다.[4] 노화는 신체의 기관과 체계의 구조 및 기능이 시간의 변화에 따라 변화하는 생물학적 노화와 축적된 경험에 의한 행동, 감각, 지각능력, 자아에 대한 인식 등이 시간의 변화에 따라

---

2) 박성호(2003). 인터넷미디어의 이해와 활용. 서울: 커뮤니케이션북스.

3) Pollak, Otto(1948), *Social Adjustment in Old Age*. New York: Social Science Research.

4) Beaver, M. L(1983), *Human Service Practice with the Elderly*. Prentice-Hall.

변화하는 심리적 노화, 그리고 생활 주기를 통하여 발생하는 규범, 기대, 사회적 지위 및 역할의 변화에 따른 사회적 노화로 분류할 수 있다.[5]

65세 이상 인구가 총인구를 차지하는 비율이 7% 이상이면 고령화 사회(Aging Society), 14% 이상이면 고령 사회(Aged Society)라고 하고, 65세 이상의 인구가 총인구의 20% 이상이 되면 후기 고령 사회(Post Aged Society) 또는 초고령 사회라고 한다. 2003년 10월 1일 우리나라 통계청과 보건복지부의 자료에 따르면 우리나라는 2000년에 65세 이상 고령인구 비율이 7.2%로 고령화 사회에 접어들었으며 2019년에는 14.4%로 '고령 사회'가 되고 2026년에는 23.1%로 '초고령 사회'가 될 것으로 전망하고 있다.

의학의 발달과 출산율의 저하로 인간의 평균수명은 점점 늘어나고 우리나라 인구의 고령화는 매우 빠르게 진행이 되면서 노인문제가 심각한 사회적 문제로 대두되고 있다. 우리나라의 고령자 고용촉진법시행령에서 55세 이상을 고령자, 50-54세를 준고령자(2조)로 규정하고 있으며, 이를 기준으로 한다면 UN 기준으로 65세 이상의 인구를 고령인구로 측정하는 기준보다 우리나라의 고령인구의 수는 훨씬 많아진다고 할 수 있다.

고령화 사회에 따른 사회문제로는 가족구조의 변화로 인한 노인 단독세대의 증가와 실업, 질병, 빈곤, 고독 등의 문제를 들 수 있다. 이러한 문제는 노인의 노후대책에 대한 국민적 부담과 함께 노년부담비[6] 역시 급격하게 증가시켜 노년부담비는 1980년 6.1%에서 2000년에는 10.0%, 2030년에는 29.8%로 늘어날 것으로 전망하여 현재 우리나라의 노인복지대책은 매우 시급한 것을 알 수 있다.[7]

---

5) 김미혜, 서혜경(2002). 노인복지실천론. 서울: 동인
6) 경제활동인구 100명당 부양해야 할 노인인구.
7) 김윤일(2002). 고령화 사회의 도래에 따른 한국 실버산업의 발전방향. 연

전체 인구에서 고령자가 차지하고 있는 비율이 높은 만큼 노년의 생활에 관한 사회적 인식 또한 확산되어야 하며 범정부적으로 추진해 온 인터넷 교육의 성과로 인하여 인터넷 사용 연령층의 폭이 넓어짐에 따라 고령층의 인터넷 사용 비율도 높아지고 있다.

이러한 국내의 현 상황에서 노인들의 사회적 참여를 유도하는 것은 앞서 언급한 사회문제 해결과 노인복지대책의 측면에서도 매우 중요한 사항이라고 할 수 있다. 노인들의 인터넷 사용 활성화는 노인들에게 새로운 가능성을 제시해 줄 수 있으며 디자인 측면에서 이에 대한 해결 방안이 모색될 수 있다면 노인들도 인터넷을 이용하여 정보를 활용함으로써 사회참여의 기회를 가질 수 있을 것이다.

2. 국내 인터넷 사용현황

인터넷 분석업체 리서치인터내셔널과 코리안클릭이 2004년 3월 전국 만 7세 이상 65세 이하 5천 명을 대상으로 조사한 결과 우리나라의 인터넷 사용자는 전체 인구의 69.9%인 2천 708만 명으로 추정되었고 하루 평균 2시간 이상 인터넷을 사용하고 있는 것으로 조사되었다. 사용 용도도 초기의 비즈니스 용도에서 벗어나 커뮤니케이션, 엔터테인먼트, 전자상거래, 인터넷 뱅킹, 주식거래 등의 사용이 생활의 주요 부분을 차지하고 있으며 2003년 조사에서는 정보검색, 이메일, 게임 등에 편중되었던 인터넷 이용용도가 2004년에 이르러서는 매우 다양해졌다. 또한 정보통신부와 한국인터넷정보센터가 2003년 12월 실시한

세대학교 석사학위 청구논문.

'2003년 하반기 정보화실태조사' 결과의 주요 특징을 살펴보면, 10대 이하(6-19세)와 20대의 인터넷 이용률이 계속 증가하여 94% 수준을 넘었으며 30대의 경우 이용률이 80.7%이고, 40대는 51.6%의 이용률을 보이고 있는 것으로 나타났고, 아울러 50대 이상의 경우에도 꾸준히 증가하고 있는 것으로 분석되었다. RI Korea와 Korean Click이 2002년 조사한 결과에서는 50대 초반의 인터넷 사용비율은 21%, 50대 후반의 인터넷 사용비율은 8.1%로 나타났다.

이와 같은 국내 인터넷 사용인구와 사용실태의 조사를 보면 인터넷 사용인구의 계속적인 증가 추세와 함께 사용자 연령의 폭이 넓어짐에 따라 고령 사용자 역시 증가하고 있으며 그들의 인터넷 사용 용도도 매우 다양해지는 것을 알 수 있다. 인터넷 보급의 일반화와 사용자 계층의 다양화로 과거에는 인터넷 사용자의 연령이 20-30대의 청년층과 장년층이었으나 현재에는 아동층과 노년층으로까지 사용자의 범위가 확대되었으며 이러한 시점에서 청년층과 장년층을 기준으로 하고 있는 웹 인터페이스 디자인은 디지털 격차를 더욱 심화시킬 수 있고 정보화 기반의 사회에서 고령자와 장애인, 어린이, 그리고 저소득층, 저학력층의 사용자들을 정보 소외 계층으로 분리시킬 가능성이 있다.

3. 국내 장애인, 어린이, 고령자를 위한
웹 인터페이스 디자인 현황

KBS 시각장애인 및 고령자를 위한 홈페이지를 보면 이미지를 모두 배재시킨 채 텍스트만으로 제작이 되어 있다. 색맹의 사용자를 위하여 배경색과 글자색을 변경할 수 있도록 되어 있으며 본문의 크기는 15 포인트의 돋움체로 제작이 되었고 글자 크기는 변경 가능하며 단축키 등을 이용해 사이트를 이용할 수 있도록 하였다. 탭은 다음 문장으로 이동을 가능하게 하며, 쉬프트 탭은 이전 문장으로 이동을 시키고 엔터키는 선택의 기능을 제공하고 있으며 마우스를 글자에 롤오버하면 글자의 크기가 더 커질 수 있다. 또한 스크린 리더(screen reader)를 이용하여 텍스트를 음성으로 변환시킬 수 있는 기능을 제공하고 있다.

〈KBS에서 제공되는 시각장애인을 위한 홈페이지〉

　한국장애인고용촉진공단의 홈페이지도 음성기능을 제공하고 있으며 글자 크기와 색깔, 배경색, 화면크기를 바꿀 수 있게 해 주고 화면을 확대할 수 있도록 하고 있다.

<장애인고용촉진공단의 홈페이지>

　주니어네이버의 홈페이지와 야후꾸러기의 홈페이지를 보면 성인을 위한 포털사이트의 디자인과 차이점이 나타나지 않고 있다. 화면 전체의 모든 텍스트에 하이퍼링크[8]의 기능이 제공되어 있으며 페이지가

---

8) 컴퓨터 화면상의 그림이나 텍스트를 클릭하여 관련된 정보를 불러낼 수 있는 연결기능.

아래로 길게 스크롤되도록 디자인이 되고 부분적으로 일러스트레이션과 아이콘의 이미지가 삽입되었을 뿐 아동의 인지특성을 고려한 디자인의 개념이 도입되지 않았다.

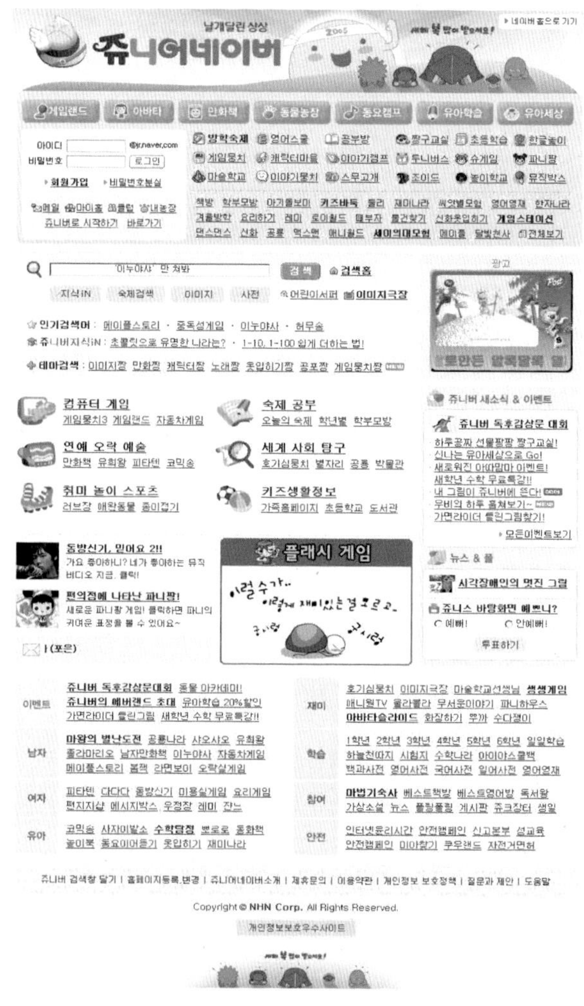

〈주니어네이버의 홈페이지〉

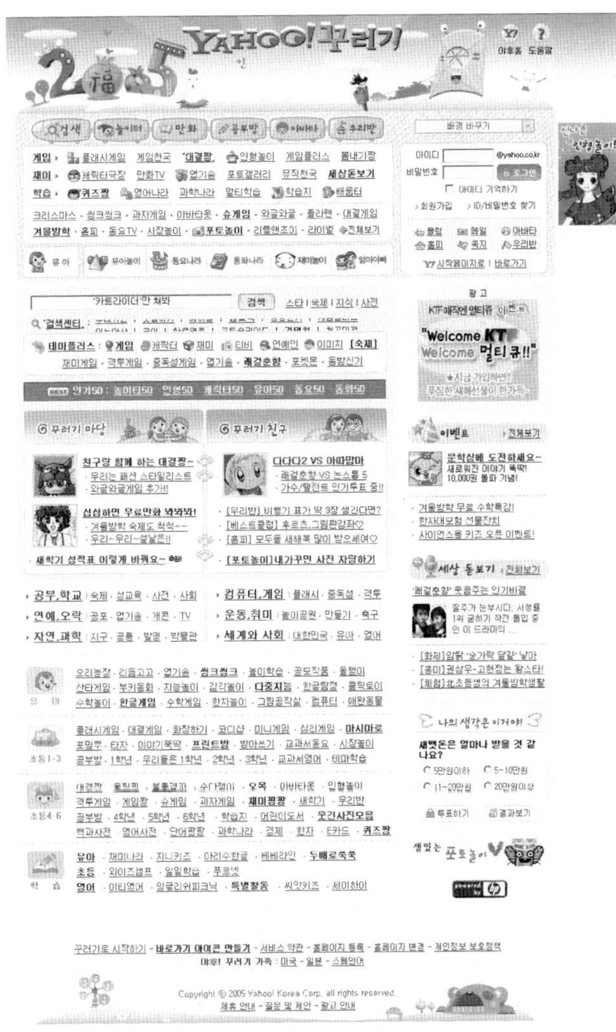

<야후꾸러기의 홈페이지>

　고령자를 위한 실버타운을 소개하고 있는 삼성 노블카운티의 홈페이지와 한국노인복지회의 홈페이지를 보면 일반인을 위한 홈페이지와 다른 점이 전혀 나타나지 않고 있다. 고령자를 배려한 텍스트의 크기,

웹 인터페이스 디자인에 대한 고려가 전혀 없으며 오히려 고령자들이 기피하는 움직이는 애니메이션의 사용(Badre, 2002)9) 등이 나타나고 있다.

〈노블카운티의 홈페이지〉

---

9) Badre, Albert N.(2002). *Shaping Web Usability: Interaction Design in Context.* Pearson: Addison-Wesley.

〈한국노인복지회의 홈페이지〉

4. 유니버설 웹 인터페이스 디자인의 필요성

이렇게 극히 일부를 제외한 국내의 장애인, 어린이, 고령자 등을 위한 홈페이지에서는 특수한 계층의 사용자의 특성을 고려하지 않고 일반인을 대상으로 하고 있는 웹 인터페이스 디자인을 그대로 도입하고 있다. 이러한 현 상황에서 정보 소외 계층으로 분리될 수 있는 사용자들은 일반인에 비하여 웹을 통하여 정보를 이용하기가 더욱 어려우며 따라서 이들에게 정보를 이용할 수 있는 공평한 기회를 제공하기 위해서는 웹 인터페이스 디자인 부분에서 유니버설 디자인의 개념 도입이 필요하다고 할 수 있다.

유니버설 디자인은 '무장애디자인'으로 출발하여 장애인, 고령자, 여성, 저소득층, 어린이 등 사회적 약자층의 관심을 받아왔으나, 이제는 '모든 사람을 위한 디자인' 또는 '평생 디자인'으로 그 의미의 범위를 넓히고 있으며 궁극적으로 '인간을 위한 디자인'의 개념으로 받아들여지면서 21세기 디자인 문화는 유니버설 디자인의 문화로 발전할 것이다.[10] 그리고 이러한 유니버설 디자인의 개념은 사회복지의 측면에서도 매우 긍정적으로 받아들여지고 있다. 현대를 살아가는 현대인들은 각기 다른 환경에서 모두 다른 개성을 가지고 살아가고 있으며 이러한 다양성의 사회에서 유니버설 디자인의 개념은 사회적, 국가적, 문화적, 언어적인 차이를 뛰어넘는 현대 사회의 모든 사용자를 위한 디자인이라고 말할 수 있다.

웹 인터페이스 디자인의 중요한 역할은 사용자가 보다 쉽고 편하게 웹에 있는 정보를 만날 수 있게 하는 것이고 성공적인 웹 인터페이스 디자인에서 사용자는 복잡하고 방대한 정보를 빠르고 쉽고 편하고 정확하게 접할 수 있다. 이를 위해서는 사용자가 효과적으로 웹을 활용할 수 있는가에 대한 학습 용이성, 컨텐츠를 쉽게 이용할 수 있는가에 대한 유효성, 사용자가 그 사이트를 방문한 목적을 달성했는가에 관한 효율성, 그리고 다시 그 웹 사이트를 방문할 의사가 있는가에 관한 만족도가 고려된 사용편의성(usability)의 개념이 적용이 되어야 한다.[11]

---

10) 이연숙(2005). 21세기 환경 및 제품디자인 이론과 실제: 유니버설디자인. 서울: 연세대학교 출판부.

또한 사용자는 개인의 지식, 경험도, 스킬, 성격적 요인, 신체적, 인구통계학적 속성 그리고 인지 처리 능력 등에 따라서 웹 사용 스타일이 달라질 수 있다.[12]

사용자가 웹을 통하여 정보를 찾고자 할 때에 사용자에게 길을 안내하는 것이 웹 네비게이션 디자인이고 웹 네비게이션 디자인이 성공적으로 되어 있으면 사용자는 현재의 위치뿐 아니라 이전의 위치 그리고 앞으로 정보를 찾고자 하는 위치까지 정확하게 파악할 수 있다. 따라서 성공적인 웹 네비게이션 디자인은 사용자가 짧은 시간 내에 쉽고 편하게 원하는 정보를 찾을 수 있도록 안내해 줄 수 있다.

사용편의성과 접근성(accessibility)이 강화된 유니버설 웹 네비게이션 디자인의 개발은 고령자뿐만 아니라 어린이, 장애인, 그리고 정보교육을 받지 못한 사용자들이 웹을 통하여 정보를 효율적으로 빠르고 쉽고 편하게 찾을 수 있도록 할 것이다.

빠른 속도로 고령화가 진행이 되고 있는 우리나라에서 인터넷을 통하여 고령자가 일반인과 같이 쉽고 편하게 정보를 제공받을 수 있다면 고령자들은 인터넷을 이용한 다양한 정보의 활용으로 노년 이후 새로운 여가 생활이나 경제활동의 기회를 가질 수 있을 것이다. 또한 실제 생활에서 이루어지는 일상생활도 인터넷과 연계하여 보다 편리하게 생활할 수 있으며 인터넷을 통한 새로운 인간관계의 형성으로 노인 고독의 문제도 해결할 수 있는 등 여러 가지 긍정적인 가능성을 가질 수 있을 것이다.

---

11) Thatcher, Jim(2002). *Constructing Accessible Web Sites. Birmingham*: Peer Information Inc.

12) Badre, Albert N.(2002). *Shaping Web Usability: Interaction Design in Context.* Pearson: Addison-Wesley.

유니버설 디자인의 개념은 궁극적으로는 모든 사용자가 사용하기 편리하고 접근하기 쉬운 디자인이고 유니버설 웹 네비게이션 디자인의 가이드라인은 웹을 통하여 모든 사용자가 정보를 효율적으로 빠르고 쉽고 편하게 찾을 수 있게 해 주는 것이다. 정보 소외 계층으로 분리될 수 있는 사용자들과 그중 한 그룹인 고령자들은 이에 따라 평등하게 정보를 이용할 수 있고 이에 따른 디지털 격차의 문제 해결과 인터넷 미디어를 통한 복지 기능의 확대를 만드는 것이다.

Ⅱ. 이론적 배경

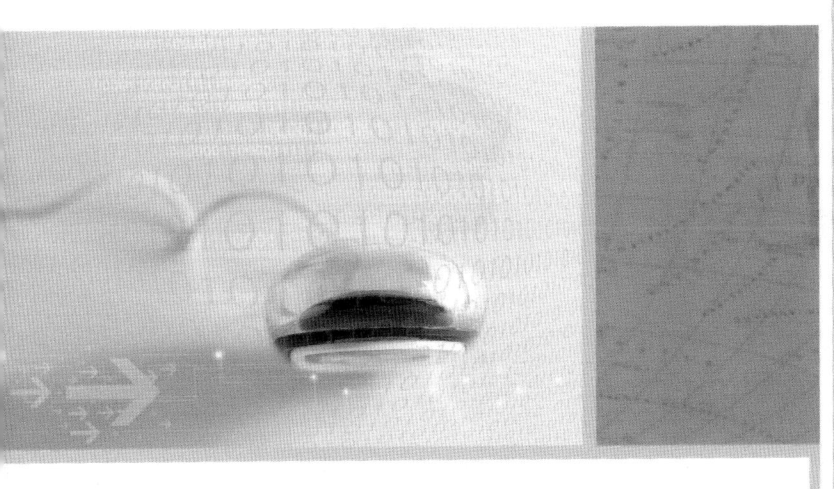

1. 웹 네비게이션 디자인

웹이라는 것은 월드 와이드 웹(WWW: World Wide Web)을 일컫는 것으로 인터넷상에 분산되어 있는 정보를 하이퍼텍스트의 기능에 의해 전 세계의 사용자에게 제공하고 있으며 90년대에 시작된 웹은 93년 Mosaic의 발전과 함께 더욱 발전하였으며 최근에는 전 세계의 사용자들이 많은 양의 정보를 웹에서 공유하고 있다.

사용자는 웹을 통하여 정보를 찾을 때 웹에서 제공되는 정보와 사용자를 연결해 주는 웹 인터페이스를 접하게 되며 사용자가 친숙하게 정보를 접할 수 있도록 웹에서는 그래픽 유저 인터페이스(graphic user interface) 디자인 방식을 많이 보여주고 있다. 웹에는 보여지는 매우 방대한 정보는 정보 설계에 따라 일반적인 규칙을 가지고 체계적으로 분류되고 이렇게 분류된 정보를 사용자에게 안내하는 길잡이의 역할을 하는 것이 웹 네비게이션 디자인이다. 웹 네비게이션 디자인을 보면 정보의 흐름을 파악할 수 있다.

웹 네비게이션 디자인에서 사용자는 기본적으로 현재의 위치가 어디인가, 이전의 위치가 어디였는가 그리고 다음에는 어디로 이동할 수 있는가에 대한 정보의 길 찾기에 대하여 과거와 현재, 그리고 미래의 위치를 파악할 수 있다.

웹 사이트에서 네비게이션 디자인이 잘 되어 있으면 사용자는 쉽고 효율적으로 편하게 정보를 찾아 나갈 수 있다.

(1) 정보 설계

정보 설계는 데이터를 조합해 한 화면에 구성하기도 하고 화면 단위로 나누어 분할하기도 하는 것이다.[13] 웹에서 정보를 어떤 방식으로 제공해 주느냐에 따라서 사용자는 그 사이트를 떠날 것인가, 다시 그 사이트로 돌아올 것인가, 그리고 새로운 정보를 얻을 것인가를 결정한다.[14]

정보구조도는 비슷한 성격의 정보를 묶어놓고 체계화한 것으로 웹 사이트 사용자들이 하나의 독립된 공간으로 인식할 수 있도록 정보를 체계화한 것이며 정보의 양이 많아지면서 표현 형식도 다양화되는 추세이다.[15]

정보설계를 효과적으로 시각화한 메뉴는 사용자에게 네비게이션의 기능을 제공한다. 멀티미디어 디자인에서의 메뉴는 사용자에게 현재의 화면에서 사용자가 원하는 다른 화면으로의 이동을 안내하는 것이며 웹 인터페이스 디자인에서의 메뉴는 현재의 페이지에서 다른 페이지로의 이동을 안내하는 것이다.

메뉴는 하이퍼링크[16]의 기능을 통하여 다른 페이지로의 이동을 가

---

13) 김진우 · HCI lab:디지털컨텐츠, 영진닷컴, 286, (2002).
14) 이종호, 이람, 최병호 : 인포메이션 아키텍쳐, 한빛미디어, 24, (2003).
15) Ibid., p.110.

능하게 하며 메뉴디자인은 이동이 가능한 페이지에 대한 소개를 함축
적으로 제시하여 사용자의 선택을 위한 정보를 제공함과 동시에 페이
지 간의 연계성과 상, 하위의 개념을 나타내기도 한다.

- 글로벌 메뉴(global menu)
글로벌 메뉴는 글로벌 네비게이션(global navigation)의 하나로
전체 사이트에 항상 고정적으로 배치되는 메뉴군(primary
navigation)으로 정보 계층구조의 첫 번째의 단계(depth1)의 페이
지에 이를 수 있도록 하는 메뉴를 의미한다.
- 서브 카테고리 메뉴(sub-category menu)
서브 카테고리 메뉴는 글로벌 메뉴에서 파생된 메뉴로 정보 계층
구조의 두 번째의 단계(depth2)의 페이지에 이를 수 있도록 하는
메뉴를 의미한다.

■ **정보를 분할하고 연결하는 방법**

- 순차적(sequence) 방식: 정보공간이 서술적(narrative)이거나 시간
의 흐름에 따르는 경우 또는 논리적인 질서가 있는 경우의 분할 방법
- 그리드(grid)식 방식: 여러 가지 분류기준이 존재하고 그 기준이
서로 독립적일 때 대 분류, 중 분류, 소 분류의 일관된 기준을 가
지고 정보를 분할하는 방법
- 계층구조(hierarchy) 방식: 복잡한 정보를 단계적으로 연결해 주
는 방법

---

16) 컴퓨터 화면상의 그림이나 텍스트를 클릭하여 관련된 정보를 불러낼 수
    있는 연결기능.

계층구조에는 한 계층 안에 가능한 대안이 몇 개가 되는가를 의미하는 너비(breadth)와 가장 높은 레벨에서 가장 낮은 곳까지 몇 단계의 구조로 짜여져 있는가를 의미하는 깊이(depth)가 존재한다. 넓고 얕은 계층구조에서는 한 화면 안에 들어가는 정보의 양이 많아져 사용자가 혼란스러워할 수 있으며 정보의 선택에 부담을 가질 수 있다. 반면, 깊고 좁은 계층구조에서는 네비게이션 단계 수가 너무 많아지게 되고 화면이 효율적으로 활용될 수 없다. 따라서 정보를 설계할 때 어느 정도의 너비와 깊이가 가장 사용성을 높일 수 있는가는 중요한 관심사라고 할 수 있다.[17]

(2) 웹 네비게이션을 위한 기본 사항

웹 네비게이션의 설계는 사용자의 목표를 실현시키는 과정으로 웹 네비게이션을 설계할 때는 사용자의 목표뿐 아니라 행동이나 선호하는 것 또는 사용자들이 필요로 하는 자료 등을 고려해야 한다.

■ 웹상에서 네비게이션을 위해 필요한 기본 사항[18]

- 여기는 어디인가: 사용자가 가고 싶은 곳을 정하기 이전에 사용자는 본인이 어디에 있는가를 알 수 있어야 한다. 왜냐하면 기본적인 위치 감각이 없으면 원하는 정보를 얻기 위한 경로를 계획하기 어렵기 때문이다.
- 갈 수 있는 곳은 어디인가: 사용자가 특정 위치로 가기를 원한다

---

17) 김진우 · HCI lab: 디지털컨텐츠, 영진닷컴, 294-298, (2002).

18) Fleming, Jennifer(1999). *Web Navigation: Designing the User Experience*. Sebastopol: O'Reilly & Associates, Inc.

면 그 지점으로 가기 위하여 여러 가지 가능성을 살펴보고 여러 방법을 검토할 수 있어야 한다.
- 갈 수 있는 방법은 어떠한 것인가: 사용자는 웹에서 어떤 경로를 거쳐서 가야 하는지에 대한 방법을 찾을 수 있어야 한다.
- 예전에 갔던 곳을 어떻게 다시 갈 수 있는가: 명확한 경로와 설명이 붙은 레이블이 사용자가 갔던 곳에서 다시 되돌아오기 위한 방법과 혼동 없이 갔던 곳을 다시 갈 수 있는 방법을 안내해 줄 수 있어야 한다.

이와 같이 웹 네비게이션은 웹에서 사용자가 정보를 찾아가는 과정이므로 위치의 파악이 가장 중요한 사항의 하나이다.

(3) 웹 네비게이션의 종류[19)]

■글로벌 네비게이션

- 전체 사이트에 항상 고정적으로 배치되는 메뉴군(primary navigation)
- 접속 메뉴군(direct selection): 고객지원, 사이트 이용안내, 사이트맵, 회원가입, 로그인, 메일 확인 등의 서비스로 곧바로 이동할 수 있는 메뉴군
- 하단 메뉴군(bottom area): 전체 사이트 하단에 공통으로 활용하는 메뉴군
- 현재 위치를 파악할 수 있는 현재 위치 표시기
- 검색 네비게이션: 검색 영역

---

19) 이종호, 이람, 최병호(2003). 인포메이션 아키텍쳐. 서울: 한빛미디어.

■ 로컬 네비게이션

- 각 섹션마다 고유의 작업을 반영한 네비게이션 영역(secondary navigation)
- 공통 메뉴 영역(feature selection): 섹션의 내용과 관련 있는 정보나 서비스를 섹션 전체에 일괄적으로 배치하는 영역

■ 컨텐츠 공간 네비게이션

- 컨텐츠 영역에서 활용하는 네비게이션 영역(tertiary navigation)
- 새로운 윈도우 창으로 뜨는 유형(stand alone selection)
- 독립된 창에서 새로운 네비게이션을 보유한 유형(stand alone navigation)
- 페이지 내에서 링크시키는 방식(embedded link)
- 메인 페이지나 섹션 첫 페이지에서 컨텐츠 페이지로 바로 이동할 수 있는 링크방식(deeper link)
- 문장 속에서 링크시키는 방식(Ad Hoc link)
- 독자적인 사이트(sub-site)를 새로운 창으로 링크시키는 방식(remote link)
- 기능 중심적으로 구성된 유형(utility selection)

■ 지원 네비게이션 영역

- 사이트 투어: 사이트에 대한 이해를 돕기 위해 마련한 영역

- 사이트맵: 사이트 전체를 조망 및 브라우징할 수 있는 영역
- 도움말: 사이트 운용 등에 대한 창구 역할
- FAQ, 운영 담당자에게 연락을 취할 수 있는 피드백
- 회원 관련된 서비스, 개인정보와 관련된 서비스

(4) 성공적인 웹 네비게이션의 조건

성공적인 웹 네비게이션 디자인에서 사용자는 자신의 위치를 쉽게 파악할 수 있고 원하는 정보를 보다 용이하게 찾을 수 있다.

■Fleming의 웹에서의 성공적인 네비게이션의 10가지 조건[20]

- 사용자가 네비게이션 장치를 익히는 데 시간을 소비하지 않도록 네비게이션은 쉽게 익힐 수 있어야 한다.
- 사용자를 혼돈에 빠뜨리지 않도록 사용자가 접근할 때 네비게이션은 일관성이 있어야 한다.
- 사용자의 행위가 성공적이었는지 피드백을 사용자에게 제시해 주어 사용자는 네비게이션이 원활하게 이루어지고 있는지 확인할 수 있어야 한다.
- 네비게이션은 적절한 문맥과 설명이 함께 제시되어 '뒤로'라는 모호한 링크가 아닌 사용자에게 접근이 용이하고 명확한 링크의 기능을 제시해 주여야 한다.

---

20) Fleming, Jennifer(1999). *Web Navigation: Designing the User Experience*. Sebastopol: O'Reilly & Associates, Inc.

- 사용자에게 네비게이션의 대안을 제시해 주면 사용자가 원하는 정보에 접근할 수 있는 가능성이 커지게 된다.
- 사용자에게 행동과 시간의 경제성을 제공하는 네비게이션이 이루어져야 한다.
- 네비게이션은 분명한 시각적 메시지로 제공되어 사용자에게 어렵지 않도록 길을 안내하여야 한다.
- 사용자가 이해할 수 있는 정확하고 설명적인 레이블로 네비게이션은 제공이 되어야 한다.
- 네비게이션은 사이트의 목적에 적합해야 하며 사이트의 목적에 따라 네비게이션의 접근법은 달라야 한다.
- 네비게이션은 사용자들의 목적과 행동을 지원해야 하며 사용자의 목적과 행동을 이해하는 것이 성공적인 네비게이션의 디자인이다.

이와 같이 성공적인 웹 네비게이션 디자인은 사용자에게 정보를 쉽고 편하고 정확하게 안내할 수 있으며 이러한 웹 네비게이션 디자인에서 사용자는 오류의 발생이 적고 효율적으로 정보를 찾을 수 있다.

2. 유니버설 디자인

(1) 유니버설 디자인의 개념

1998년 미국 NC State University의 유니버설 디자인 센터(The Center for Universal Design)에서 발표한 Universal Design File에서

유니버설 디자인은 "연령이나 능력에 관계없이 모든 사람들이 최대한 사용하기 쉽게 만들어진 제품이나 환경에 대한 디자인"이라고 설명하고 있다. 유니버설 디자인의 초기 관심대상은 장애인에서 출발했지만 노인, 어린이, 여성 등 다양한 신체조건을 가진 사용자를 위한 디자인에서 그 개념을 더욱 확대시켜, 인간의 다양한 개성이나 능력, 나이, 경제적 능력, 인종 그리고 문화적, 언어적, 생활습관의 차이까지 뛰어넘는, 다양성의 현대 사회의 모든 사용자를 위한 디자인이라고 그 개념을 정의할 수 있다.

따라서 유니버설 디자인은 다양한 사용자 계층의 복합적인 요구를 만족시킬 수 있는 현대 사회의 모든 사람들을 만족시킬 수 있는 디자인이다.

(2) 유니버설 디자인의 원리

여러 단체와 전문가들에 의하여 다음과 같은 유니버설 디자인의 원리가 제시되고 있으며 이를 다음과 같이 정리할 수 있다.

■유니버설디자인센터에서 제시한 유니버설 디자인의 네 가지 원리

- 기능을 지원하는 디자인(supportive design): 유니버설 디자인은 기능적이어야 하며 사용자에게 불필요한 부담을 주면 안 된다.
- 수용 가능한 디자인(adaptable design): 유니버설 디자인은 다양한 환경, 다양한 사용자의 다양한 요구를 만족시켜야 한다.
- 접근 가능한 디자인(accessible design): 유니버설 디자인은 장애

물이 제거된 상태로 사용자가 접근을 하는 데에 있어서 방해가 되거나 위협이 되는 요소는 제거되어야 한다.

- 안전한 디자인(safety-oriented design): 유니버설 디자인은 위험한 요소가 제거되어 안전사고가 발생하지 않도록 미연에 방지되어야 한다.

■ **Cornnel 외 9인의 유니버설 디자인의 일곱 가지 원칙**

- 동등한 사용(equitable use): 다양한 능력의 사용자 모두 공평하게 사용할 수 있도록 누구나 할 수 있는 기능을 제공해야 한다.
- 사용의 융통성(flexibility in use): 사용자의 다양한 능력과 요구에 대한 수용이 이루어져야 한다.
- 간단하고 직관적인 사용(simple and intuitive use): 환경이나 개인의 능력에 관계없이 누구나 쉽게 이해하고 사용할 수 있어야 한다.
- 지각할 수 있는 정보(perceptible information): 주변 환경이나 사용자의 지각 능력에 상관없이 정보를 효과적으로 전달할 수 있어야 한다.
- 오류에 대한 포용력(tolerance for error): 사용자의 실수를 예방하고 최소화해야 하며 실수에 대한 대비가 있어야 한다.
- 힘들지 않은 조작(low physical effort): 사용자의 피로감은 최소한으로 하고 효율적인 사용이 제공되어야 한다.
- 적당한 크기와 공간(size and space for approach and use): 사용자의 신체 크기, 체형 그리고 자세, 이동에 관계없이 모든 사용자

가 접근하고, 닿고, 조작하고, 사용하기 적합한 공간과 크기가 제
공되어야 한다.

■ **박정아, 이연숙의 유니버설 디자인의 다섯 가지 원리[21]**

- 기능적 지원성(supportiveness): 기능상 필요한 도움을 제공하고
  도움을 제공해 주는 데 있어서 어떠한 부담도 야기하지 않고 공
  간·제품이 가지는 지원성의 종류와 기능을 폭넓게 하는 특성이
  있어야 한다.
- 수용성(adaptability): 각기 다른 능력의 사람들에게 유용하고 판
  매가 가능한 것이고 그 대상은 일반인이어야 한다.
- 커뮤니케이션의 효율성(communicability): 디자인된 결과물이 사
  용자의 경험, 지식, 언어능력, 현재의 전념도와 상관없이 이해하
  기 쉬워야 하고 디자인 결과물이 지니고 있는 지원성이 모든 사
  람에게 쉽게 인지될 수 있어야 한다.
- 쾌적성(pleasantness): 건강과 복지 증진과 관련되어 개선적이고
  예방적이어야 하고 안전사고 등의 기존 문제를 제거시키기 위해
  개선할 수도 있어야 하며 안전사고가 발생하지는 않더라도 이를
  미연에 방지하도록 고려되어야 한다.
- 접근성(accessibility): 장애물이 제거된 상태로 일반적으로 많은
  사람들에게 방해가 되거나 위협적인 물리적 환경을 변화시켜야
  한다.

---

21) 이연숙(2005). 21세기 환경 및 제품디자인 이론과 실제: 유니버설디자인.
    서울: 연세대학교 출판부.

■Eric Christierson과 Donna Pantou(1998)의 웹 인터페이스 디자인과 연관된 유니버설 디자인의 일곱 가지 원리

- 모든 사용자에게 동등한 사용법과 같은 수준의 사생활 보호와 보안장치를 제공하여 동등한 사용이 가능해야 한다.
- 사용자가 사용법을 선택할 수 있어야 하고 자기 수준에 맞추어 제품을 사용할 수 있으며 오른손잡이와 왼손잡이를 모두 고려하는 사용의 융통성이 있어야 한다.
- 사용자의 경험과 학력, 언어능력, 집중도 정도에 상관없이 모두 이해될 수 있도록 불필요한 복잡한 디자인을 해서는 안 되고 사용방법의 난이도를 같은 수준으로 유지해야 하며 정보는 중요도에 따라 배치해야 하며 적절한 피드백을 제공하는 간단하고 직관적인 사용이 가능해야 한다.
- 그림이나 말 또는 필요하면 촉각적 방법까지 동원하여 모든 사용자가 중요한 정보를 놓치지 않도록 해야 하며 중요한 정보는 다른 요소들과 대비시키고 가독성은 최대화해야 하며 구성 요소는 구분시켜 제시하고 장애인들이 이용하는 보조장치와 호환성을 가질 수 있는 지각할 수 있는 정보로 디자인되어야 한다.
- 오류를 최소화하도록 구성요소들을 배치해야 하며 오류를 범할 수 있다는 가능성에 관하여 경고를 해야 하며 오류를 범했을 경우에는 복구할 수 있는 기능을 제공하는 오류에 대한 포용력이 있어야 한다.
- 사용자가 평상의 자세를 유지할 수 있어야 하며 무리한 힘을 가하지 않고 반복 작업은 최소화할 수 있도록 힘들지 않은 조작이 가능하여야 한다.

- 사용자가 어떤 자세에서도 볼 수 있고 조작할 수 있고 접근할 수 있도록 구성요소를 배치해야 하고 다른 보조장비를 사용하거나 다른 사람으로부터 도움을 받을 수 있도록 충분한 공간을 제공하는 적당한 크기와 공간으로 디자인되어야 한다.

따라서 여러 단체와 전문가들에 의하여 제시된 유니버설 디자인의 원리를 사용자의 입장에서 정리해 보면 다양한 능력의 사용자가 모두 동등하게 사용할 수 있어야 하고 기능적이어야 하며 사용자에게 정보를 쉽게 제시해야 하고 위험한 요소는 제거되어 사용자가 안전하게 접근할 수 있도록 해야 할 뿐 아니라 사용자의 오류는 취소화하고 적당한 크기나 공간을 가지고 있어야 한다고 말할 수 있다.

(3) 유니버설 디자인의 원리가 반영된 웹 네비게이션 디자인

앞서 고찰한 유니버설 디자인의 원리를 웹 네비게이션 디자인에 적용을 해 보면 다음과 같이 말할 수 있으며 이와 같이 유니버설 디자인의 원리가 적용이 된 웹 네비게이션 디자인에서는 다양한 요구와 능력을 가진 사용자가 동등하게 정보를 쉽고 편하고 정확하게 찾을 수 있을 것이다.

- 다양한 환경에서 각기 다른 능력을 가진 모든 사용자가 동등하고 쉽게 이해할 수 있는 정보로 제작이 되어 사용자에게 정보를 안내하여야 한다. 따라서 가독성을 최대한으로 하고 명확한 레이블로 제작이 되어야 하며 다른 주변 요소와의 구분을 확실하게 하

여 누구나 쉽게 지각하도록 해야 하고 장애인의 보조장치와 호환이 되도록 해야 한다.

- 사용자에게 정보를 안내하는 웹 네비게이션 디자인은 사용자가 길을 잃지 않도록 해야 하며 길을 잃었을 때 다시 찾아올 수 있는 방법을 제시하여야 한다. 따라서 정보를 찾아 나가는 과정에서 올바르게 가고 있는가에 관한 피드백을 제시하여야 하며 정보를 찾아가는 과정에서 대안을 제시하면 사용자가 정보를 찾아갈 수 있는 가능성이 커진다.
- 사용자가 정보를 찾아 나가는 과정이 피로하지 않아야 한다. 따라서 최대한 단시간에 찾을 수 있도록 효율적으로 디자인이 되어야 한다.
- 정보를 안내하는 웹 네비게이션 디자인의 요소는 사용자의 마우스가 이동하는 경로나 다른 정보 제시에 방해가 되지 않도록 적당한 크기로 제작이 되어야 하며 사용자가 접근하고 인지하기 쉬운 위치에 있어야 한다.

3. 웹 사용편의성과 웹 접근성

(1) 웹 사용편의성

사용편의성은 사용자가 제품을 사용하여 직무를 빠르고 쉽게 완수하는 것을 의미하며 네 가지 사항에 근거를 두고 있다고 할 수 있다 (Joseph, 1999).

- 사용편의성은 사용자에게 초점을 맞춘다.
- 사용자는 제품을 사용하여 생산성을 높이고자 한다.
- 사용자는 제품을 통해 과제를 완수하고자 한다.
- 제품이 사용하기 쉬운지는 사용자가 결정한다.

■ Nielson의 웹 사용편의성에 관한 정의[22]

- 학습 용이성(ease of learning): 사용자가 처음 접한 사이트에서 과업을 수행할 때 얼마나 그 과정을 쉽게 익히고 활용할 수 있는가
- 사용의 효율성(efficiency of use): 사용자가 웹 사이트를 이용하여 얼마나 빨리 원하는 일을 수행할 수 있는가
- 기억 가능성(memorability): 사용자가 다음에 방문했을 때도 그 사용법을 기억할 수 있는가
- 오류의 빈도와 복구 가능성(error frequency and severity): 사용자가 웹 사이트를 사용하면서 얼마나 많은 오류를 범하는가와 오류를 복구할 수 있는 가능성이 있는가
- 주관적 만족도(subjective satisfaction): 사용자가 웹 사이트에 대하여 얼마나 만족하고 있는가

■ Nielsen과 Molich(1990)의 사용편의성의 원칙[23]

- 간단하고 자연스러운 언어를 사용해야 한다.

---

22) 임도헌(2002). 웹 유저빌리티. 서울: 영진닷컴
23) Dumas, Joseph S. and Janice C. Redish(1999). *A Practical Guide to Usability Testing.* Bristol: Intellect, Ltd.

- 사용자가 알아들을 수 있는 표현을 사용해야 한다.
- 사용자가 기억하고 있어야만 할 수 있는 작업은 피해야 한다.
- 일관성을 유지해야 한다.
- 피드백을 제공해야 한다.
- 종료 방법을 명확히 알아볼 수 있도록 만들어야 한다.
- 단축키 기능을 제공해야 한다.
- 이해하기 쉽도록 에러메시지를 작성해야 한다.
- 에러가 발생하지 않도록 해야 한다.

따라서 웹에서 사용자가 정보를 찾을 때의 사용편의성이란 사용자가 쉽고 효율적으로 오류를 범하지 않고 정보를 찾을 수 있어야 하며 오류를 범했을 때에는 쉽게 복구할 수 있어야 하고 다음에 그 사이트를 다시 방문했을 때에는 정보를 찾는 과정을 기억할 수 있어야 하며 사용자가 정보를 찾는 과정이 만족스러워야 하는 것이라 할 수 있다.

■**사용편의성에 관련하여 측정할 수 있는 값**[24]

- 한 사람이 시스템에서 수행방법을 배우는 데에 걸리는 학습시간
- 하나의 과제를 수행하는 데 걸리는 수행시간
- 과제를 수행하면서 낸 오류의 개수와 종류
- 한 사람이 관련 정보를 기억하는 시간과 단위 시간 동안 기억할 수 있는 정보의 양
- 사용자의 만족도와 선호도, 의견 특성 등에 관한 주관적 측정치

---

24) Badre, Albert N.(2002). *Shaping Web Usability: Interaction Design in Context.* Pearson: Addison-Wesley.

(2) 사용편의성이 강화된 웹 네비게이션 디자인

■ 네비게이션에 관한 사용편의성 평가기준[25]

- 네비게이션은 복잡하지 않은가?
- 사용자가 시스템에 빠르게 접근할 수 있는가?
- 네비게이션을 위한 메뉴 배치는 한눈에 알아볼 수 있는가?
- 인터페이스 구성요소 중에서 조작할 수 있는 것에는 이를 알려주
  는 시각적 단서가 있는가?
- 사용자가 실행했던 작업을 취소할 수 있는가?
- 어떤 작업을 하기 위해 네비게이션할 때 반복 작업을 너무 많이
  하지는 않는가?
- 사용자가 작업단계를 줄일 수 있게 해 주는 사용자 정의가 가능
  한가?

앞서 고찰한 웹 사용편의성의 정의와 원칙 그리고 웹 네비게이션의
사용편의성 평가기준을 정리해 보면 다음과 같다.

- 웹 네비게이션 디자인은 사용자가 쉽게 이해할 수 있는 정보로
  제작이 되어 사용자에게 정보를 안내하여야 한다. 따라서 간단하
  고 자연스런 단어로 제작이 되어야 하며 일관성이 있어야 하고
  사용자가 알 수 있는 표현을 해야 하며 사용법을 기억해야 하는

---

25) Head, Alison J.(1999). *Design Wise: A Guide for Evaluating the Interface Design of Information Resources.* Portland: Book News, Inc.

44

부담을 사용자에게 주어서는 안 된다.

- 사용자에게 정보를 안내하는 웹 네비게이션 디자인은 사용자가 길을 잃지 않도록 해야 하며 길을 잃었을 때 다시 찾아올 수 있는 방법을 제시하여야 한다. 따라서 정보를 찾아 나가는 과정에서 올바르게 가고 있는가에 관한 피드백을 제시하여야 하며 종료방법도 제시하여야 한다.

- 사용자가 정보를 찾아 나가는 과정이 피로하지 않아야 한다. 따라서 최대한 단시간에 찾을 수 있도록 효율적으로 디자인이 되어야 하며 단축키의 기능을 제공하는 것이 좋다.

(3) 웹 접근성

웹을 이용하여 정보를 이용할 수 있는 가능성이 증가됨에 따라 신체적 장애나 언어장벽, 접속 디바이스 유형, 전송속도 등에 상관없이 웹 기능을 이용하도록 해야 한다는 주장이 이슈화되고 있다. 따라서 웹 기반 기술의 접근성에 대한 개념을 제정하고 기술적으로 지원을 해 줄 수 있는 솔루션을 구현해야 한다는 움직임이 확대되고 모든 사람이 정보를 이용할 권리가 있으며 장애, 지리적 위치, 언어 장벽 등에 상관없이 모두가 참여할 권리가 있는 웹 접근성에 관한 문제가 해결되면 많은 사람들이 '정보화 시대'에 동참할 수 있다.[26]

웹 접근성은 모든 사용자가 기능적 제약과 상황적 제약에서도 웹에서 정보를 사용할 수 있도록 하는 것이라고 말할 수 있다.

---

26) Thatcher, Jim(2002). *Constructing Accessible Web Sites*. Birmingham: Peer Information Inc.

웹 접근성은 유저 인터페이스를 효율적이고 만족스럽게 디자인하는 점에서는 웹 사용편의성과 일치하고 보다 많은 사람들 그리고 보다 다양한 상황에 대하여 고려를 하고 있다. 미국에서는 웹 사이트의 접근에 관하여 균등 기회 보장에 관한 장애인복지법 508조가 입안되면서 웹 접근성에 관한 개념이 소개되기 시작했다. 웹 사이트에서 접근성이 보장이 된다면 법적 규정과 요구사항을 준수할 수 있으며 장애인, 노인까지 다양한 범위의 사용자가 확보될 수 있고 새로운 장소나 디바이스 등의 이용이 가능하다. 또한 디자인과 코딩 방법이 개선될 수 있고 비용이 절감되며 인터페이스 편의성의 보장과 자기만족이 이루어질 수 있다고 하겠다.[27]

■W3C(World Wide Web Consortium)의 WAI(Web Accessibility Initiative)에서 제안하고 있는 웹 컨텐츠 접근성에 관한 가이드라인(Web Content Accessibility Guidelines)

- 보고, 듣고, 움직일 수 없는 이용자들도 있고, 일부 유형의 정보는 쉽게 처리할 수 없거나, 혹은 전혀 처리할 수 없는 환경에 있는 사용자도 있다.
- 글을 읽거나 이해하기 어려운 사람도 있다.
- 키보드나 마우스를 사용하지 못하는 사람도 있다.
- 텍스트 전용 스크린, 소형 스크린, 느린 인터넷 접속 환경도 존재한다.
- 말을 못하거나 문서에 쓰인 내용을 제대로 이해하지 못하는 사람도 있다.

---

27) ibid.

- 웹 사이트와의 인터페이스 매개체가 되는 시각, 청각, 마우스나 키보드를 움직일 수 있는 손을 사용할 수 없는 상황에 있는 사람도 있다.
- 구버전의 브라우저를 사용하거나 보이스 브라우저와 같이 완전히 다른 유형의 브라우저 또는 다른 운영 시스템에서 웹 사이트에 접속하는 사람도 있다.

웹 접근성을 강화시킬 수 있는 방법은 다음과 같이 제시할 수 있다. 시각장애인이 들을 수 있는 합성음으로 텍스트의 내용을 읽어주는 스크린 리더와 보이스 브라우저(voice browser)[28]의 사용, 그래픽, DHTML(Dynamic Hypertext Makeup Language), CSS(Cascading Style Sheets)을 지원하지 않기 때문에 그 속도가 매우 빠른 텍스트 브라우저(text browser)의 사용 그리고 시력이 좋지 않은 사람들을 위하여 디스플레이 사이즈를 확대하는 스크린 확대기의 사용은 웹 접근성을 강화시킬 수 있다.

■ 웹 인터페이스 디자인에서 전자 및 정보기술을 위한 508조 법률안의 가이드라인[29]과 웹 컨텐츠 접근성에 관한 가이드라인

- 대부분의 브라우저에서 내용이 디스플레이 될 수 있고 사용자가 네비게이션할 수 있도록 디자인해야 해야 하며 중요한 정보는 한 가지 이상의 방식으로 표현되어야 한다.

---

28) 스크린 리더의 키보드 커맨더가 복잡하여 기억하기 어려우므로 간편한 키보드 커맨더로 웹의 내용을 읽어주는 것.

29) http:www.acess-board.gov/sec508/guide/index.htm

- 해당 페이지의 내용을 대표할 수 있는 〈title〉 태그를 각 페이지
  에 넣어야 하며 문서는 간단하고 명료하게 디자인해야 한다.
- 자주 사용되는 폰트는 기본형을 사용하고 폰트 사이즈는 상대 값
  을 사용해야 하며 폰트의 색상은 페이지의 배경과 대조를 이루는
  색으로 디자인해야 한다.
- 메시지를 전달하는 데 색상에만 의존해서는 안 되고 비텍스트 요
  소(이미지, 이미지맵, 이미지 버튼, 오디오 파일, 오디오와 비디오
  가 함께 제공되는 멀티미디어 파일)는 텍스트로 표현될 수 있는
  대안을 제공해야 한다.
- 스트리밍 비디오와 오디오에는 자막이 제공되어야 한다.
- 가능하면 플래시 애니메이션은 넣지 않아야 하며 애플릿을 대체
  할 컨텐츠를 제공해야 한다.
- 테이블에서는 스크린 리더가 각 셀의 내용을 올바로 읽을 수 있
  도록 테이블 레이아웃을 정해야 한다.

(4) 접근성이 강화된 웹 네비게이션 디자인

■웹 네비게이션에서 전자 및 정보기술을 위한 508조 법률안의 가이드라
인과 웹 컨텐츠 접근성에 관한 가이드라인

- 각 페이지의 동일한 위치에 모든 메뉴를 일관성 있게 배치해야
  한다.
- 스크린 리더 등과 같은 특수 브라우저의 이용자들이 반복적인 네
  비게이션 링크를 건너뛸 수 있도록 디자인해야 한다.

- 의미가 있는 레이블을 사용해야 한다.
- 시각장애인도 접근이 가능한 이미지맵을 제공해야 한다.
- 홈페이지에서 전체 사이트의 내용을 파악할 수 있어야 한다.
- 마우스 대신 키보드 등의 기타 입력 장치를 이용한 네비게이션이 가능해야 한다.
- 스크린 리더나 보이스 브라우저에서 메인 컨텐츠를 짧은 시간 내에 찾을 수 있는 테이블 레이아웃을 이용한다.

이와 같은 가이드라인이 적용된 웹 네비게이션 디자인에서는 장애가 있는 사용자도 보다 편리하게 정보를 찾아갈 수 있을 것이다.

(5) 고령자를 위한 웹 인터페이스 디자인

■신체조절능력에 따른 웹 인터페이스 디자인

Vercruyssen(1997)의 연구를 보면 노인은 신체 동작 조절 능력에서 운동 감각이 둔해지므로 같은 동작을 하는 데 젊은이에 비하여 시간이 오래 걸리고 지속적인 동작을 유지하는 힘이 떨어지고 근육 운동의 공동 작용(coordination)이 원활하지 못하고 움직임이 고르지 못하다고 제시하고 있다.[30]

웹 인터페이스에 있어서의 장애는 휠체어의 사용을 하는 사람들이 아니라 웹을 통하여 정보를 찾을 때 입·출력장치를 자신이 원하는

---

30) Badre, Albert N.(2002). *Shaping Web Usability: Interaction Design in Context.* Pearson: Addison-Wesley.

대로 조작하지 못하는 사람들이고 장애인들에게 웹을 통한 정보 전달은 인쇄매체에 비하여 여러 가지 장점을 가지고 있다. 근육 장애를 가진 사람들은 섬세한 마우스의 조작이 어렵기 때문에 정교한 마우스의 조작을 필요로 하는 디자인은 피해야 하며 키보드 입력 방식을 통한 브라우저의 조작도 대체도 권장할 만하다.[31]

Walker 등(1996)의 연구에서 고령 사용자는 정보를 찾기 위하여 인터넷을 사용할 때, 마우스로 웹 사이트에서 정보를 찾기 위해 네비게이트하거나 원하는 대상에 마우스 커서를 위치시키는 정교한 조작에 어려움을 갖고 있으며 젊은 사용자에 비해 마우스의 사용이 느리고 부정확하고, 화면상에서 다른 객체(6, 12, 24픽셀)의 경우 90%의 정확도를 보인 것에 비해 작은 객체(3픽셀)의 경우에는 마우스로 찍는 데 어려움을 보이고 있으며 정확도는 75% 정도였다. 따라서 고령 사용자는 작은 객체를 마우스로 조작하는 데 어려움을 보여주고 있다.[32]

Worden 등(1997)은 고령 사용자에게 커서와 아이콘을 이용하여 컴퓨터를 쉽게 다룰 수 있는 인터페이스 디자인에 대한 제시를 하고 있다. 영역 커서(area cursor)에 대한 제안으로 커서가 네모 형태로 모양이 바뀌어 눈에 잘 띄고 정밀한 움직임을 요구하지 않으며 커서가 두 개의 버튼 부분에 동시에 걸쳐 있다면 커서의 중앙 부분에 위치한 버튼이 기본적으로 선택이 된다. 또한 아이콘의 붙는 성질(stickiness)을 이용하여 커서가 아이콘이나 버튼과 같은 아이템의 위를 지나갈 때는 커서가 저절로 서서히 움직이게 되어 사용자가 보다 미세한 조작을

---

31) Nielsen, Jakob(1999). *Designing Web Usability: The Practice of Simplicity.* Berkeley: New Riders Press.

32) Badre, Albert N.(2002). *Shaping Web Usability: Interaction Design in Context.* Pearson: Addison-Wesley.

할 수 있게 한다. 그리고 속도에 기반을 두어 어느 일정 속도 이하로 커서가 움직이다가 커서가 천천히 움직일 때는 사용자가 그 아이템을 선택할 의지가 있는 것이므로 아이콘이나 버튼이 커서의 이동 속도를 줄이도록 하였다. 이와 같은 해결책을 제시하여 사용자에게 실험을 하자, 고령 사용자는 작업이 약 40% 향상되었고 젊은 사용자는 20% 정도 작업이 향상되었다.[33]

Mead 등(1997)의 연구에서는 젊은 사용자는 페이지를 스크롤하면서 다른 정보를 찾아보는 반면 고령 사용자는 스크롤을 하지 않고 화면을 정지시켜 놓고 정보를 찾아본다는 점을 발견하였다. 따라서 고령 사용자에게는 스크롤의 기능을 사용하지 않도록 하는 것이 작업의 능률을 높일 수 있다.[34]

■지각에 따른 웹 인터페이스 디자인

노화가 진행되면서 시력의 변화에서는 수정체의 조절력이 떨어져 가까운 거리(약 25-30cm)의 작업이 어려우며 따라서 책이나 신문을 읽는 거리가 조금씩 멀어지고, 어두운 곳에서는 책을 보기가 힘들어진다. 책을 조금만 읽어도 눈이 피로하고 머리가 아프며, 처음에는 잘 보이다가 점점 글씨가 흐려져서 계속 읽기가 어려워지게 된다. 또한 초점이 맞지 않아 먼 곳을 보다가 갑자기 책을 읽으려면 글자가 잘 안보이게 된다.[35]

고령의 인터넷 사용자는 빛을 구분하는 능력, 즉 빛깔을 식별하는

---

33) ibid.

34) ibid.

35) http://www.vec.co.kr/7eye/7eye-018.php

색각에 있어서 파장이 짧은 색을 잘 구분하지 못하고 서로 가깝게 위치한 색들을 명확하게 구분하기 어려우며 특히 보라색, 파란색, 초록색 범위에 드는 짧은 파장의 색들에서는 그러한 특징이 더욱 두드러진다.[36]

빛의 양과 폭이 가변하는 빛의 패턴이 차이가 나는, 서로 인접한 영역을 구별하는 능력인 대비감도 구분력(contrast sensitivity)은 노화가 진행이 되면서 더 떨어지며 특히 가변하는 패턴의 폭이 아주 넓거나 좁을 때 이러한 특성이 더욱 두드러진다.[37]

시간적 해상력(temporal resolution)이란 자극에서 변화를 추적하는 능력을 가리키며 고령의 사용자는 10-45Hz(초당 주파) 범주의 번쩍거리는 자극을 잘 지각하지 못한다. 따라서 연속적인 빛이 아닌 끊어지는 섬광을 잘 지각하지 못한다.[38]

Echt(2002)의 연구에서는 고령 사용자를 위한 텍스트의 표현에 있어서 가이드라인을 제시하고 있다.

14포인트, 헤더는 18-24포인트를 권장하고 텍스트의 크기를 바꿀 수 있는 기능을 제공할 것, 그리고 볼드체를 사용하고 이탤릭체의 사용은 피해야 한다고 하고 있다. 대문자와 소문자를 혼용하고 모두 대문자로 표기하는 것은 피해야 하며 왼쪽으로 텍스트를 정렬할 것, 행간은 넓혀야 하고 한 줄의 길이는 50-65개의 문자 정도로 유지해야 하며 표제와 부제를 사용할 것, 그리고 흰 배경에 검은 텍스트의 사용을 권장하고 있다. 여백을 적극적으로 활용해야 하며 무늬나 패턴이

---

36) Badre, Albert N.(2002). *Shaping Web Usability: Interaction Design in Context.* Pearson: Addison-Wesley.

37) ibid.

38) ibid.

없는 배경 그림 위에 텍스트를 위치해야 하며, 페이지의 구성 요소의 위치는 일정하게 유지하고 주변 요소들의 크기를 증가시켜야 하며 어떤 순서의 각 단계는 번호나 불릿(bullet)을 써서 각각 한 줄로 처리해야 한다고 제시하고 있다. 한 줄에서 하이퍼텍스트 링크의 개수는 가능한 줄여야 하며 다중 컬러 형식이나 프레임의 사용은 피해야 하며 번쩍거리거나 깜박이는 텍스트의 사용 역시 피해야 한다고 하고 있다.[39]

시각 장애인 중 색맹 사용자를 위해서는 색맹 환자인 적·녹 색맹 환자들에게 점검을 받아야 하며 전경과 배경의 색상을 확실히 대조시켜 배색을 해야 하고 문자의 가독성을 저해하는 배경이나 요소들은 제거해야 하며[40] 식별 가능한 색의 변경의 기능이 필요하다(박영목, 이동연, 1998).

맹인의 경우에는 페이지를 문자 중심으로 디자인하여 문자-음성 변환기를 통해 사용자에게 전달을 할 수 있으며[41] 시각적 정보를 청각이나 촉각 등의 다른 감각을 이용하여 대체하는 기능이 있으면 맹인 사용자도 인터넷을 통하여 정보를 얻을 수 있다(박영목, 이동연, 1998). 또한 약시 사용자를 위해서 글자의 크기를 조절할 수 있는 옵션을 제공해야 하며[42] 화면 확대 기능이 필요하나, 화면 전체를 확대하면 시야 범위가 너무 넓어지므로 필요한 부분의 확대기능이 필요하다(박영목, 이동연, 1998).

---

39) ibid.

40) Nielsen, Jakob(1999). *Designing Web Usability: The Practice of Simplicity.* Berkeley: New Riders Press.

41) ibid.

42) ibid.

청각 장애인을 위해서는 웹 이라는 매체가 점차 멀티미디어화되어 가고 있으므로 인터뷰와 같은 중요한 영상물에서는 자막을 제공해야 한다.[43]

청각에 있어서 Smither(1993)의 연구에서 고령 사용자는 청각에서는 고주파수의 소리를 듣는 데서 어려움을 느끼고 음조의 변화를 감지하는 것에서도 어려움을 느낀다. 언어를 인지하는 능력은 80대를 넘어가면서 구별력이 25%로 감소함에 따라 단어 사이에 잡음이 있거나 대화 도중 방해를 받는 경우 더 많은 어려움을 느낀다. 그러나 자연음성보다 기계음성을 알아듣는 데에는 50대 이하의 사용자만큼 잘 알아들을 수 있다고 한다.[44]

Charness & Bosman(1990)의 연구에서는 청각에 있어서 고령 사용자는 청각이 감퇴하므로 배경소리를 조절하고 중요한 소리는 음량을 증가시키고 시각적 단어로 청각적 요소를 보충해야 한다고 제시하고 있다. 높은 주파수(4,000Hz 이상)의 소리는 피해야 하며 1,000Hz에서 2,000Hz 사이에서 반향이 되는 소리가 적당하다.[45]

■ 인지에 따른 웹 인터페이스 디자인

고령자는 주의 집중력이 떨어지며 특히 관련 있는 정보를 선택하고 관련이 없는 정보를 거부하는 선택적 주의 집중력(selective attention)이 떨어지고 기억력에 있어서는 정보를 활성 상태로 유지하는 작업

---

43) ibid.

44) Badre, Albert N.(2002). *Shaping Web Usability: Interaction Design in Context.* Pearson: Addison-Wesley.

45) ibid.

기억 수동력의 둔화가 두드러진다.[46]

초창기에는 소수 지식 계층만이 웹을 이용하였으나 점차 사용자의 계층이 다양해져 이제는 웹이라는 매체는 대중매체로 변화해 감에 따라 인지장애를 가진 사용자에 대한 배려도 필요하다. 평균 이하의 지적 수준을 가진 사용자를 위해서는 쉬운 언어의 사용과 단순한 네비게이션 방식이 요구된다. 독서 장애가 있는 사용자를 위해서는 긴 페이지를 읽는 데에 어려움을 느끼기 때문에 적절한 헤드라인의 사용이 요구된다.[47]

이와 같이 노인들은 노화가 진행이 됨에 따라 신체의 각 기관의 기능이 떨어지게 되므로 웹에서 고령자에게 정보를 안내할 때에는 고령자의 특성을 고려하여 네비게이션 디자인을 해야 하며 이러한 웹 네비게이션 디자인에서 고령자는 보다 쉽고 편하게 정보를 효율적으로 찾을 수 있을 것이다.

---

46) ibid.

47) Nielsen, Jakob(1999). *Designing Web Usability: The Practice of Simplicity.* Berkeley: New Riders Press.

Ⅲ. 유니버설 웹 네비게이션 디자인

1. 웹 사이트의 현황과 고령 사용자

(1) 포털사이트의 특징

세계적 인터넷 시장의 확대와 인터넷을 중심으로 한 매체 산업의 성장은 새로운 경영전략을 요구하고 있으며 인터넷을 보다 완벽한 종합미디어로 구축하기 위해 모든 사이트들의 포털(portal) 서비스화의 형태가 나타나고 있다[48].

포털서비스란 인터넷 이용자에게 접속 및 정보검색을 위한 창구와 수단, 즉 게이트 웨이(gate way)를 제공하는 것으로 정의하고 있다.[49]

미국에서는 1996년쯤 포털이라는 용어가 일반에게 알려지게 되고 msn, Netcenter, Infoseek, Excite, Lycos 등이 생겨나게 되었으나 현재는 야후, msn, 구글 등이 3대 포털업체로 되었으며[50] 우리나라에서

---

48) 성동규, 라도삼(2002). 인터넷과 커뮤니케이션. 서울: 한울아카데미.
49) 노재범 외(1999). 인터넷 시대의 기업경영. 삼성경제연구소 연구보고서.

는 네이버, 다음, 네이트가 상위 랭킹 포털 사이트라고 할 수 있다.[51]

포털사이트에서 검색서비스가 시작되고 90년대 말부터는 스스로 비용을 부담하여 컨텐츠를 제공하고 포털이자 동시에 데스티네이션 사이트[52]가 되면서 포털은 점차 미디어화되고 규모가 커지게 되었다.

현재 인터넷 사용자는 그 요구사항이 매우 다양하고 요구수준도 높아지고 있기 때문에 포털서비스를 지향하고자 하는 각 사이트는 포털이 갖추어야 하는 7C(Content, Commerce, Community, Customization, Communication, Convenience, Coherence)를 구현해내기 위하여 다양한 형태의 서비스를 제공하고자 한다.

국내의 각 방송사나 무선통신사, 신문사 사이트 등의 포털서비스 경쟁은 매우 치열하고 이들 사이트들은 사용자에게 쇼핑, 이메일, 무선 메시지 전달, 채팅, 이-러닝(e-learning), 게임, 뉴스, 커뮤니티, 검색, 음악 등의 서비스를 제공해 주고 있다.

국내 포털 포털사이트인 네이버, 네이트, 다음에서 제공되는 컨텐츠는 다음과 같다.

---

50) 오가와 히로시, 고토오 야스나리(2006). 웹 이노베이션. 권민 역. 성남: 위즈나인.

51) http://www.rankey.com, http://www.100hot.co.kr

52) 사용자가 원하는 정보를 얻기 위하여 최종적으로 도달하는 사이트.

〈네이버에서 제공되는 컨텐츠〉

검색	지식iN · 지도 · 논문 · 인물 · 서식 · 퀴즈검색 · 지역생활
이야기	메일 · 블로그 · 마이홈 · 카페up · 토크광장 · 게시판
사전	영어 · 국어 · 일어 · 오픈사전 · 백과사전 · 중국어사전new
포토	포토앨범 · 포토갤러리 · 포토데스크
미디어	뉴스 · N매거진 · 야구 · 축구 · 농구
정보	인조이재팬 · 교육 · 취업 · 알바
금융	증권 · 대출 · 부동산 · 보험 · 카드 · 신용조회 · 연말정산
도구	웹폴더 · 자료실 · 북마크 · PDA · 도메인 · 액션게시판
생활	날씨 · 맛집 · 여행/항공 · 자동차 · 스키 · 닥터
오락	러브 · 만화 · 영화 · VODup · 뮤직 · 운세
여성	미즈사랑방 · 패션 · 뷰티 · 다이어트
잡지	모바일문자 · 폰배경 · 벨소리 · 원음벨 · 컬러링 · 게임 · 폰운세
쥬니버	노래방 · 만화책 · 동물농장 · 타자왕 · 영어스쿨 · 구성애
비즈니스	웹호스팅 · 창업up · 법률/세무 · 리서치
엔토이	게임토이new · 채팅방송 · 엔토이쏭 · 우유경매 · 토이토이
쇼핑	지식쇼핑 · 가격비교 · e카탈로그 · 예약예매 · 로또복권
한게임	맞고 · 고스톱 · 포커 · 바둑 · 프리스톤테일 · 섯다up

〈네이트에서 제공되는 컨텐츠〉

커뮤니케이션	메일 · 폰넘버메일 · 퀵메일 · 아바타메일 · 쪽지 · 이카드 · 네이트온 · 주소록 · 문자메시지 · 컬러메일 · M카드/음악편지 · 동영상메시지
커뮤니티	클럽 · 파일탱크 · 게시판 · 채팅 · 개인방송 · 블로그
MY	마이네이트 · 아바타 · 마이포토 · 마이홈 · BBS4U · 네이트캐쉬
모바일	컬러링 · 마이벨 · 그림친구 · 레터링 · 라이브벨 · 라이브스크린 · 무선네이트 · 포토 · 위치정보 · NATE Air · June
쇼핑	네이트몰 · 제휴쇼핑 · 공동구매 · n장터 · 소호몰 · 면세점
비즈채널	볼쇼이초대 · NATE Biz · 겔포스M · 클럽5678
검색	이미지 · 백과,사전 · 리포트/문서 · 전화번호/지도 · 지식뱅크 · 네이트20
뉴스	종합뉴스 · 연예/오락 · 스포츠 · 포토뉴스 · TV뉴스 · 뉴스토론
정보	여성/샘플 · 아이모델 · 교육/컴퓨터 · 여행/레포츠 · 114/건강/취업 · 운전면허
금융	증권 · 부동산/이사 · 대출 · 신용조회 · 보험 · 복권 · 로또
핫라인	미팅 · 운세상담 · 러브 · 폰팅
엔터테인먼트	영화 · VOD상영관 · 뮤직 · BGM · 테마파크 · 성인 · 운세 · 티켓박스 · 만화 · 게임,디지몬 · 파티?파티! · SPEED 011존
싸이월드	미니홈피 · 클럽

〈다음에서 제공되는 컨텐츠〉

미디어	뉴스 · 핫이슈 · 만화속세상 · 스포츠 · 인터넷잡지 · 칼럼
금융	증권 · 부동산 · 보험 · 재테크 · 대출 · 금융몰 · Daum카드
교육	어학원 · 유학 · 1318 · 수능/입시 · IT · 자격/고시
검색	사전 · 캠퍼스검색 · 와우!재팬 · 지도 · 지역생활정보
만남	한메일넷 · 카페 · 카드메일 · 메신저 · 전화걸기 · 사람찾기
폰세상	벨/ 캐릭터 · 폰샷 · 폰오디션 · 메일알림 · 멀티팩 · 폰게임
쇼핑	공동구매 · 오픈마켓 · 장터 · 상품권 · 디카샵 · 명품관 · 도서
생활	취업 · 창업 · 여행/항공 · 자동차 · 법률/세무 · 건강 · 퀵서비스
미즈넷	미즈토크 · 패션뷰티 · 러브섹스 · 요리맛집 · 임신육아 · 웨딩
My	아바타몰 · 한디스크 · 메일뱅킹 · Daum캐쉬
오락	게임 · 운세 · 러브 · 복권/로또 · 만화/무협소설 · 영화 · CUVE · 뮤직 · 공연/티켓 · 댄스댄스 · 서프라이징스크린

■ 국내의 포털 사이트에서 제공되는 컨텐츠

- 정보: 뉴스, 스포츠, 날씨와 같이 실시간으로 업데이트되는 새로운 소식을 알려주는 컨텐츠
- 커뮤니티: 클럽, 블로그와 같이 여러 사람들이 공동의 목적을 가진 모임이 진행되는 컨텐츠
- 게임: 온라인상에서 개인 대 컴퓨터 또는 익명의 사용자와 오락을 목적으로 경쟁을 하는 컨텐츠
- 엔터테인먼트: 영화, 애니메이션, 만화, 음악과 같이 사용자가 시청각 요소를 이용하여 시간을 보내고 즐길 수 있게 하는 컨텐츠
- 개인: 사용자 개인의 문서 저장이나 커뮤니케이션의 수단인 이메일, 쪽지 등의 서비스를 제공하는 컨텐츠
- 모바일관련: 핸드폰과 연계된 서비스를 제공하는 컨텐츠
- 경제: 은행, 금융정보, 부동산, 취업, 창업 등의 경제적 이윤을 얻기 위한 정보를 제공하는 컨텐츠

 - 검색: 웹상에서 원하는 정보를 찾을 수 있는 컨텐츠
 - 교육: 사이버상에서 사용자가 학습을 할 수 있는 컨텐츠

(2) 포털사이트의 인터페이스 디자인

포털사이트에서 제공되는 컨텐츠의 첫 페이지의 인터페이스 디자인의 특징은 다음과 같다.

정보, 커뮤니티, 게임, 엔터테인먼트, 개인, 모바일 관련, 경제, 쇼핑, 검색 그리고 교육 컨텐츠의 페이지에서 커뮤니티, 개인, 검색의 페이지는 별다른 디자인의 특징이 없이 하이퍼텍스트로 페이지 전체가 디자인이 되어 있었다.

특별한 디자인적인 특징이 나타나지 않는 커뮤니티, 개인, 검색 페이지를 제외한 정보, 게임, 엔터테인먼트, 모바일 관련, 경제, 쇼핑, 그리고 교육 페이지의 인터페이스 디자인의 특징은 다음과 같다.

정보, 경세, 교육의 페이시는 선체 사이트에 항상 같은 위치에 고성적으로 배치된 메뉴인 글로벌 메뉴가 상단에 가로로 길게 위치하고, 서브 카테고리 메뉴는 글로벌 메뉴 아래에 가로로 길게 또는 페이지의 왼쪽에 세로로 나타나는 유형이 많았다. 페이지 전체를 구성하고 있는 텍스트 또는 작은 이미지는 모두 하이퍼링크가 되어 있었다.

엔터테인먼트의 페이지는 페이지의 많은 부분이 사진 이미지로 구성이 되어 있었고 이미지는 모두 하이퍼링크가 되어 있었으며 게임 페이지는 많은 부분이 일러스트레이션으로 구성이 되어 있었고 역시 이미지들이 하이퍼링크의 기능을 가지고 있었다.

모바일 관련 페이지는 게임 페이지와 유사한 유형이 나타나는 경우

와 페이지가 하이퍼텍스트로만 나타나는 두 가지의 경우가 있었다.

쇼핑 페이지는 가장 페이지가 길어서 스크롤이 많이 되었으며 사진 이미지가 가장 많이 나타났다.

■ 메인 페이지

메인 페이지는 첫 페이지는 사이트를 열면 가장 첫 번째로 나타나는 페이지로 모든 텍스트와 이미지가 하이퍼링크되는 구조를 보여주고 있으며 2페이지 이상 스크롤이 되도록 페이지가 길게 디자인이 되어 있었다.

글로벌 메뉴의 컬러는 사이트의 로고컬러와 유사한 색이 사용되어 있었다. 상단에 나타났던 글로벌 메뉴는 페이지의 하단에 텍스트로 세분화되어서 다시 제시되어 있었으며 페이지 전체에서 이미지가 나타난 면적은 적었고 대부분이 하이퍼텍스트로 내용을 연결시켜 주고 있었다.

글로벌 메뉴에 사용된 레이블의 텍스트는 13포인트의 돋움체가 사용되었다.

〈네이버의 메인 페이지 이미지〉

■ 정보 페이지

　뉴스, 스포츠, 날씨와 같이 실시간으로 업데이트되는 새로운 소식을
알려주는 네이버의 정보 페이지는 텍스트와 작은 이미지가 페이지 전

체에 하이퍼링크의 기능을 가지고 나타나고 메인페이지와 마찬가지로 스크롤이 2페이지 이상 되도록 페이지가 길게 디자인이 되어 있었다.

글로벌 메뉴는 페이지의 상단에 가로로 길게 나타났으며 서브 카테고리 메뉴는 글로벌 메뉴 아래로 가로로 길게 나타나거나 왼쪽 아래에 세로로 나타났다. 메뉴 레이블의 텍스트는 모두 굴림 또는 돋움 13포인트로 제작되었다.

〈네이버의 정보 페이지 이미지〉

■VOD 페이지

네이버의 VOD 페이지의 글로벌 메뉴는 페이지의 상단에 가로로 길게 위치했다. 페이지 전체에 있는 텍스트와 이미지가 모두 하이퍼링크의 기능을 가지고 있으며 영화의 장면을 보여주는 사진 이미지가 페이지의 많은 영역을 차지하고 있었다.

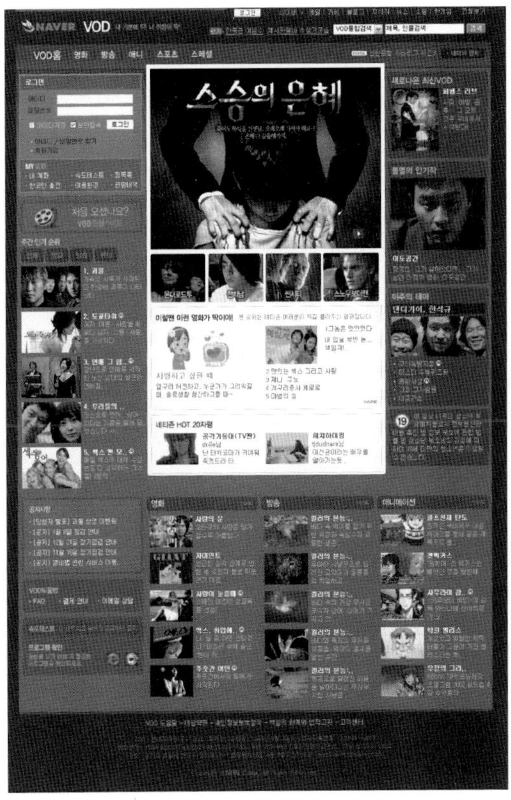

〈네이버의 VOD 페이지 이미지〉

■게임 페이지

게임 페이지는 게임을 카테고리별 목록으로 나누어서 첫 페이지에 소개를 하고 있었다. 그리고 각 사이트에서 인기게임으로 분류가 되는 목록이나 추천게임으로 분류가 되는 목록은 게임의 장면이나 캐릭터를 일러스트레이션으로 표현하여 페이지의 상단에 따로 배치하여 강조시키고 있었다.

〈네이버의 게임 페이지 이미지〉

■쇼핑 페이지

쇼핑 페이지는 페이지의 길이가 가장 길어서 스크롤이 많이 되도록 디자인이 되어 있으며 텍스트보다 이미지가 많은 부분을 차지하고 있었다. 상품의 이미지를 사진 이미지로 보여주고 있었으며 이미지가 번갈아서 교체되는 애니메이션이 나타나는 사이트도 있었다.

〈네이버의 쇼핑 페이지 이미지〉

(3) 고령자의 인터넷 사용현황

고령자들의 인터넷 사용 실태를 조사하기 위하여 국내의 55세 이상의 고령자 중 매일 인터넷을 사용하고 포털 사이트에서 정보, 커뮤니티, 게임, 엔터테인먼트, 개인, 모바일관련, 경제, 쇼핑, 검색, 교육의 카테고리에서 세 가지 이상의 서비스를 경험한 고령자를 대상으로 현재 포털 사이트에서 가장 많이 이용하는 서비스와 향후 이용하고 싶은 서비스에 관하여 조사하였다.

고령자들이 포털 사이트에서 현재 가장 많이 이용하고 있는 서비스는 이메일이었으며 뉴스와 증시 등의 정보, 개인에 필요한 정보, 게임과 쇼핑의 순으로 나타났고 향후 이용하고 싶은 서비스는 금융관련업무, 커뮤니티, 엔터테인먼트, 쇼핑 등의 순으로 매우 다양한 서비스를 이용하기를 희망하는 것으로 나타났다.

또한 고령자 중, 포털 사이트에서 정보, 커뮤니티, 게임, 엔터테인먼트, 개인, 모바일 관련, 경제, 쇼핑, 검색 그리고 교육의 카테고리에서 해당 카테고리의 서비스를 경험해 본 사용자에 한하여 서비스 사용에서 불편사항에 관해 설문조사를 실시하였다.

메인 페이지(index.htm)에서는 광고가 너무 많아서 혼란스럽다는 응답이 가장 많았으며 혼란스런 정보구조에 따른 네비게이션의 어려움, 그리고 작은 글자에 대한 불편사항을 제시하였다. 이메일의 페이지에서는 복잡한 편지함의 구조에 따른 네비게이션의 어려움에 대한 응답이 가장 많았으며 작은 글자 또한 불편하다고 응답하였다. 뉴스와 같은 정보 페이지와 경제 페이지에서 역시 네비게이션의 어려움에 관한 응답이 가장 많았고, 커뮤니티 페이지와 게임 페이지에서는 산만한 메뉴의 구성이 가장 불편하다고 응답하였다. 엔터테인먼트 페이지에서는 산만한 메뉴의 구성과 복잡한 정보구조에 의한 네비게이션이 어렵다는 응답이 있었다. 쇼핑페이지에서도 구매까지의 복잡한 정보구조에 대한 네비게이션의 어려움이 있다고 응답하였고 교육페이지에서는 산만한 메뉴의 구성과 혼란스런 네비게이션에 대한 어려움에 대한 응답이 있었다.

따라서 고령자들이 인터넷을 이용하여 정보를 이용할 때 정보를 찾아 나가는 과정인 네비게이션의 어려움이 가장 크다고 할 수 있었다.

(4) 포털 사이트 내의 쇼핑 페이지의 네비게이션 디자인

고령자의 인터넷 사용현황에 관한 설문조사의 결과를 보면 고령자들이 인터넷을 이용할 때 가장 불편하게 느끼는 점은 복잡한 정보구조에 의한 네비게이션의 어려움이었으며 포털 사이트의 웹 인터페이스 디자인을 조사해 본 결과, 포털 사이트에서 제공되는 컨텐츠의 페이지 중에서 정보가 가장 혼란스럽고 복잡하게 제시된 페이지는 쇼핑 페이지였다.

국내 포털 사이트에서 쇼핑 페이지의 웹 네비게이션 디자인을 조사한 결과는 다음과 같다.

가장 많이 나타나는 웹 네비게이션 디자인은 쇼핑 페이지의 첫 페이지에서 왼쪽에 글로벌 메뉴가 세로로 나타나고 각 항목에 마우스를 롤오버[53]하면 글로벌 메뉴 옆으로 다시 세로로 서브 카테고리 메뉴가 나타나는 디자인이었다. 반면 해외 Yahoo.com과 msn.com의 쇼핑 페이지는 첫 페이지에서 글로벌 메뉴가 가로 상단에 목록으로 제시되고 있으며 해당 목록을 클릭하면 다음 페이지(두 번째 계층구조의 페이지)에서는 왼쪽에 글로벌 메뉴가 나타나고 롤오버 메뉴[54]는 나타나지 않았다.

---

53) 마우스를 해당 목록 위에 위치시키고 클릭을 하지 않은 상태.

2. 고령자를 위한 웹 네비게이션 디자인

(1) 실험 준비

고령자가 웹에서 효율적으로 오류 없이 쉽고 편리하게 정보를 찾아 나갈 수 있는 웹 네비게이션 디자인의 가이드라인을 파악하기 위하여 국내 55세 이상의 고령자를 대상으로 실험을 실시하였다.

문헌연구와 국내 포털 사이트의 현황조사를 통하여 고령자를 대상으로 실험을 실시하기 위한 측정도구를 개발하였다. 측정도구의 개발은 고령자를 대상으로 한 설문 조사 결과, 가장 복잡하다고 생각이 되는 국내 포털사이트 내의 쇼핑 페이지의 웹 네비게이션 디자인을 중심으로 하였다.

개발된 첫 번째 웹 네비게이션 디자인은 국내 기업의 사이트에서 종종 나타나는 유형으로 페이지의 상단에 가로로 길게 나타나는 글로벌 메뉴와 해당 목록을 롤오버하면 세로로 서브 카테고리 메뉴가 나타나는 디자인이다.

두 번째의 웹 네비게이션 디자인은 국내 기업의 사이트에서 가장 많이 나타나는 유형으로 페이지의 상단에 가로로 길게 글로벌 메뉴가 나타나고 해당 목록을 롤오버하면 다시 그 아래로 가로의 서브 카테고리 메뉴가 나타나는 디자인을 개발하였다.

세 번째의 웹 네비게이션 디자인은 국내 종합 쇼핑 사이트에서 가장 많이 나타나는 유형으로 왼쪽에 세로로 글로벌 메뉴가 나타나고 해당 목록을 롤오버하면 글로벌 메뉴의 오른쪽으로 다시 서브 카테고

---

54) 마우스 포인터가 메뉴 위에 있으며 클릭은 하지 않은 상태에서 다음 카테고리의 항목들이 제시되는 메뉴.

리 메뉴가 세로로 나타나는 디자인으로 개발하였다.

네 번째의 웹 네비게이션 디자인은 해외 포털 사이트인 Yahoo.com, MSN.com의 쇼핑 페이지의 첫 화면에서 나타나는 유형으로 글로벌 메뉴만이 페이지의 상단에 가로로 길게 나타나는 디자인을 개발하였다.

다섯 번째의 웹 네비게이션 디자인은 해외 포털 사이트인 Yahoo.com, MSN.com의 쇼핑 페이지의 첫 번째 계층구조의 페이지[55]의 화면에서 나타나는 디자인으로 왼쪽에 세로로 글로벌 메뉴가 나타나고 해당 목록을 클릭하면 그 목록 아래로 다시 서브 카테고리 메뉴가 세로로 펼침메뉴 형식으로 나타나는 디자인을 개발하였다.

여섯 번째 개발된 웹 네비게이션 디자인은 페이지의 상단에 가로로 글로벌 메뉴가 나타나고 롤오버 메뉴는 존재하지 않으며 해당 목록을 클릭하면 그 아래로 가로의 세로 카테고리 메뉴가 나타나는 디자인이다.

각 웹 네비게이션 디자인에서 배너광고는 모두 제거하였으며 Echt (2002)의 고령 사용자를 위한 텍스트 표현의 가이드라인[56]을 기준으로 하여 흰 배경 위에 검은색 글자를 사용하였고 메뉴 레이블의 텍스트는 견고딕 18포인트를 사용하였으며 본문의 텍스트는 돋움 16포인트를 사용하였다. 또한 국내 포털 사이트의 쇼핑 페이지 내의 웹 네비게이션 디자인의 현황조사를 보면 첫 번째 계층구조의 페이지에서 두 번째 계층구조의 페이지뿐 아니라 세 번째 계층구조의 페이지로도 한 번의 클릭으로 들어갈 수 있도록 표 안에 모든 항목을 제시하여 정보 계층구조의 단계를 뛰어넘을 수 있는 네비게이션 디자인으로 제작된 경우가 많이 있었다. 따라서 실험을 위하여 개발된 웹 네비게이션 디

---

55) 첫 화면에서 어떤 목록을 클릭하면 들어가는 페이지.

56) Badre, Albert N.(2002). *Shaping Web Usability: Interaction Design in Context*. Pearson: Addison-Wesley.

자인에서도 표에 많은 항목을 제시하여 정보 계층구조의 단계를 뛰어넘을 수 있는 네비게이션이 가능한 디자인으로 제작하였다.

웹 네비게이션 디자인	페이지의 이미지	메뉴의 레이아웃
디자인1		
디자인2		
디자인3		
디자인4		
디자인5		
디자인6		

〈개발된 웹 네비게이션 디자인 이미지〉

(2) 실험 과정

실험은 사용성을 평가하는 사용성 테스트 방법 중의 하나인 과제 부과형 평가방법[57]을 실시하였고 피험자가 과제를 완수한 뒤에는 피험자와의 심층면접을 하였다.

제시된 과제 시나리오는 다음과 같다.

"당신은 컨텐츠는 모두 동일하고 웹 네비게이션 디자인이 다르게 제작이 된 6개의 사이트에서 식품의 목록을 찾고 건강식품의 카테고리에서 비타민의 페이지를 찾는 것입니다."

이와 같이 피험자에게 제시된 과제 시나리오는 개발된 6개의 웹 네비게이션 디자인의 사이트에서 정보 계층구조의 세 번째 페이지에 이르는 것이었다. 한 사람에게 6개 사이트 모두에 대하여 과제를 부과하였으며 실험 중 피험자가 과제를 수행하는 과정에서 학습 효과가 발생하는 것을 최소화하기 위하여 피험자들이 한 사이트에서 과제를 수행한 이후 최소한 3일의 간격을 두고 다음 과제를 수행하게 하였으며 유형에 따른 과제 제시 순서는 10명 모두에게 다르게 이루어졌다. 처음 시작 화면에서 식품의 페이지를 찾아 건강식품의 페이지에서 비타민의 페이지에 이르는 과정은 모두 캠타시아(camtasia)라는 프로그램을 이용하여 화면 전체를 녹화하여 avi.파일로 저장하였다.

실험이 끝난 후에는 피험자와의 심층면접을 실시하여 피험자가 과제를 수행할 때 어려움을 주는 네비게이션 디자인의 요인, 메뉴의 위치와 형태, 롤오버 메뉴, 텍스트의 크기, 그리고 페이지에 한꺼번에 표로 제시된 정보 계층구조의 단계를 뛰어넘을 수 있는 구조로 구성된

---

57) 이종호, 이람, 최병호(2003). 인포메이션 아키텍쳐. 서울: 한빛미디어.

메뉴 등에 관한 의견과 각 디자인에 대한 종합적 의견, 보완점, 그리고 가장 편리한 디자인 등에 관한 질의응답을 실시하였다. 한 피험자에게 소요된 면접시간은 약 20-30분 정도였으며 면접의 내용은 녹음하여 차후에 분석하였다.

(3) 실험 분석 방법

수집된 자료는 다음과 같은 방법으로 분석하였다.

첫째, 정보를 찾아가는 웹 네비게이션 디자인은 유니버설 디자인과 사용편의성의 원리에 따라 기능적이고 효율적인 사용이 가능해야 한다. 따라서 단시간에 사용자가 정보를 찾는 것이 기능적이고 효율적인 웹 네비게이션 디자인이라고 할 수 있으므로 사용편의성 평가방법[58] 에 따라 피험자의 정보 검색 소요 시간을 측정하였다. 저장된 파일을 보고 각 피험자가 정보를 찾기 시작한 시점에서 정보를 찾은 시점까지의 시간을 측정하였다. 열 명의 피험자의 정보 검색 소요 시간의 평균 시간을 산출하였으며 피험자별로 과제를 빨리 수행한 웹 네비게이션 디자인의 순서를 파악하여 피험자가 빨리 과제를 수행한 디자인과 늦게 과제를 수행한 디자인의 특징을 분석하고 어떤 웹 네비게이션 디자인에서 피험자가 가장 빠르게 과제를 수행하였는가를 파악하였다.

둘째, 유니버설 디자인과 사용편의성의 원리에 따라 오류 발생빈도가 적고 오류의 수정이 가능한 오류에 관한 포용력이 제공되는 웹 네비게이션 디자인을 파악하기 위하여 저장된 avi.파일을 오류 발생 측

---

58) Badre, Albert N.(2002). *Shaping Web Usability: Interaction Design in Context*. Pearson: Addison-Wesley.

면에서 비디오 분석(Video Ethnography)하였다. 피험자가 과제를 수행하는 도중에 발생하는 오류의 횟수, 오류 발생 부분 등을 체크하여 오류를 유발시키는 웹 네비게이션 디자인의 요인을 파악하였으며 피험자가 과제를 수행할 때 어떤 웹 네비게이션 디자인에서 가장 오류를 적게 발생시켰는가를 파악하였다.

셋째, 유니버설 디자인과 사용편의성의 원리에 따라 웹 네비게이션 디자인의 요소는 마우스가 이동하는 경로나 다른 정보의 제시에 방해가 되지 않아야 하며 사용자가 접근하고 인지하기 쉬운 위치에 있어야 하고 일관성 있게 배치가 되어 있어야 하며 사용자가 알 수 있는 정보로 제작이 되어야 한다. 이에 관한 심층 면접을 실시하여 사용자가 가장 쉽고 편하게 접근할 수 있는 웹 네비게이션 디자인의 요소를 파악하였다.

(4) 실험 결과

10명의 고령 피험자에게는 제시된 과제 시나리오는 "당신은 컨텐츠는 모두 동일하고 웹 네비게이션 디자인이 다르게 제작이 된 6개의 사이트에서 식품의 목록을 찾고 건강식품의 카테고리에서 비타민의 페이지를 찾는 것입니다"라는 것이었으며 이는 정보 계층구조에서 세 번째의 페이지까지 이르는 실험이었다. 유니버설 디자인과 사용편의성의 원리에 따른 웹 네비게이션 디자인에서 사용자는 피로하지 않고 기능적이고 효율적으로 정보를 찾을 수 있다. 따라서 단시간에 정보를 찾을 수 있는 웹 네비게이션 디자인이 유니버설 디자인과 사용편의성의 원리에 따른 효율적인 디자인이라고 할 수 있다.

■시간 측면에서 효과적인 웹 네비게이션 디자인

단시간에 정보를 찾을 수 있는 효율적인 웹 네비게이션 디자인을 파악하기 위하여 피험자들이 어떠한 웹 네비게이션 디자인에서 과제를 가장 빠르게 수행하였는지를 조사하였다. 정보를 찾기 시작한 시점에서 정보를 찾은 시점까지의 정보 검색 소요 시간을 측정해 본 결과는 다음과 같다.

디자인1	디자인2	디자인3	디자인4	디자인5	디자인6

〈6개의 웹 네비게이션 디자인의 레이아웃〉

첫 번째 웹 네비게이션 디자인과 두 번째 웹 네비게이션 디자인에서는 과제를 빨리 수행한 피험자들도 있었던 반면, 늦게 수행한 피험자들도 있었다. 대부분의 피험자들의 정보 검색 소요 시간이 다섯 번째 웹 네비게이션 디자인에서 가장 길게 나타났으며 여섯 번째 웹 네비게이션 디자인에서는 가장 짧게 나타났다.

웹 네비게이션 디자인에 따라 과제를 수행한 순서를 살펴보면 두 번째 웹 네비게이션 디자인은 가장 빨리 과제를 수행한 피험자의 수가 가장 많았던 디자인으로 가장 빨리 과제를 수행한 피험자가 4명인 반면 두 번째로 늦게 과제를 수행한 피험자도 3명이 나타나 피험자에 따라 매우 다른 결과가 나타났다. 다섯 번째 웹 네비게이션 디자인에서는 가장 먼저 과제를 수행한 피험자는 없었으며 두 번째로 빠르게 과제를 수행한 피험자가 1명이고 가장 늦게 과제를 수행한 피험자가 5명, 그리고 두 번째로 늦게 과제를 수행한 피험자가 1명으로 대부분의 피험자의 정보 검색 소요 시간이 가장 긴 디자인이었다. 여섯 번째 웹 네비게이션 디자인에서는 가장 빠른 시간 내에 과제를 수행한 피험자가 2명, 그리고 두 번째로 빠르게 과제를 수행한 피험자가 5명이었으며 가장 늦게 과제를 수행한 피험자나 두 번째로 늦게 과제를 수행한 피험자가 없었으므로 대부분의 피험자의 정보 검색 소요 시간이 가장 짧은 디자인으로 평가되었다.

또한 10명의 피험자의 정보 검색 소요 시간의 평균을 보면 페이지의 상단에 가로로 길게 글로벌 메뉴가 나타나고 글로벌 메뉴를 클릭하면 그 아래로 서브 카테고리 메뉴가 나타나는 디자인인 여섯 번째의 웹 네비게이션 디자인에서 정보 검색 소요 시간의 평균이 가장 짧았다.

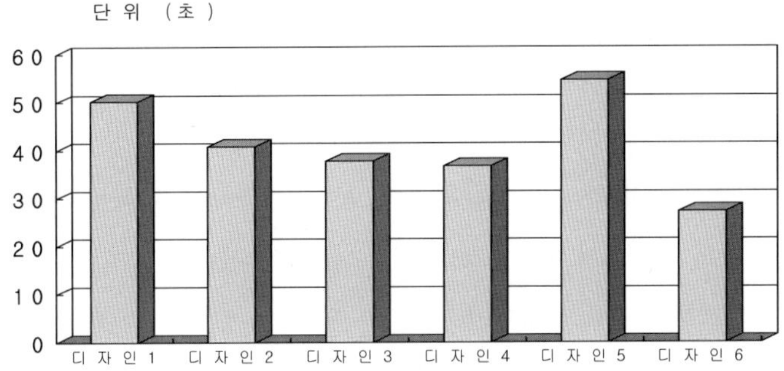

〈웹 네비게이션 디자인에 따른 정보 검색 소요 시간의 평균〉

첫 번째 웹 네비게이션 디자인에서의 실험 결과를 살펴보면 롤오버 메뉴가 나타남에 의하여 롤오버 메뉴를 다루는 능력이 피험자의 정보 검색 소요 시간에 많은 영향을 주게 되었다.

두 번째 웹 네비게이션 디자인에서는 가로의 글로벌 메뉴 아래로 나타나는 가로의 롤오버 메뉴로 인해 가로의 롤오버 메뉴를 잘 다루는 능력에 따라 정보 검색 소요 시간이 다르게 나타났다.

세 번째 웹 네비게이션 디자인에서는 세로의 글로벌 메뉴가 페이지의 왼쪽 아래로 길게 나타났기 때문에 피험자의 스크롤을 하는 능력에 따라 정보 검색 소요 시간이 다르게 나타났다.

네 번째 웹 네비게이션 디자인에서는 서브 카테고리 메뉴는 존재하지 않으며 보다 세분화된 글로벌 메뉴만이 나타났으므로 다른 웹 네비게이션 디자인에 비하여 메뉴 항목의 수가 많아지게 되어, 피험자가 한 번에 많은 항목의 메뉴를 파악할 수 있는 능력에 따라 정보 검색 소요 시간이 다르게 나타났다.

다섯 번째 웹 네비게이션 디자인은 왼쪽의 글로벌 메뉴 아래에 펼침 메뉴로 서브 카테고리 메뉴가 나타나는 유형으로 메뉴가 가장 길어지는 웹 네비게이션 디자인이었다. 여기에서 역시 피험자의 스크롤을 하는 능력에 따라 정보 검색 소요 시간이 다르게 나타났다.

여섯 번째 웹 네비게이션 디자인은 롤오버 메뉴가 없이 글로벌 메뉴를 클릭하면 서브 카테고리 메뉴가 글로벌 메뉴 아래에 세로로 나타나는 웹 네비게이션 디자인으로 피험자의 평균 정보 검색 소요 시간이 가장 짧은 웹 네비게이션 디자인이었다.

실험의 결과를 정보 검색 소요 시간 측면에서 분석하면 롤오버 메뉴가 없이 페이지의 상단에 가로로 길게 제작이 된 글로벌 메뉴를 클릭하면 서브 카테고리 메뉴가 글로벌 메뉴 아래에 세로로 나타나는 웹 네비게이션 디자인인 여섯 번째의 웹 네비게이션 디자인에서 10명의 피험자의 평균 정보 검색 소요 시간이 가장 짧았으며 과제를 가장 늦게 수행한 피험자가 없었다. 따라서 *페이지의 상단에 가로로 길게 제작이 된 글로벌 메뉴를 클릭하면 서브 카테고리 메뉴가 글로벌 메뉴 아래에 세로로 나타나는 웹 네비게이션 디자인이 고령자에게 정보 검색 소요 시간 측면에서 효율적인 웹 네비게이션 디자인이라고 할 수 있었다.*

■오류 발생 측면에서 효과적인 웹 네비게이션 디자인

고령자가 어떤 웹 네비게이션 디자인에서 오류 없이 가장 쉽게 과제를 수행할 수 있는가를 알아보기 위하여 캠타시아라는 프로그램에 의해 avi.파일로 저장된 자료를 비디오 분석하고 다음과 같은 사실을 파악할 수 있었다.

유니버설 디자인과 사용편의성의 원리에 따른 웹 네비게이션 디자인은 사용자가 정보를 찾아가는 과정에서 길을 잃지 않아야 하며 길을 잃었을 때 다시 되돌아올 수 있어야 한다. 즉 오류의 발생이 최소화된 웹 네비게이션 디자인이 유니버설 디자인과 사용편의성의 원리에 따른 웹 네비게이션 디자인이라고 말할 수 있다.

고령 피험자가 과제를 수행하는 과정을 살펴보면 고령 피험자의 인터넷 사용경험이 과제를 수행하는 행위에 영향을 주는 것을 알 수 있었으며 모든 고령 피험자들이 롤오버 메뉴와 스크롤되는 페이지, 텍스트로 제작된 메뉴에서는 어려움을 겪는 것으로 파악되었다. 인터넷 사용에 익숙한 피험자의 경우에도 롤오버 메뉴를 잘못 건드리는 오류를 범하였고 페이지를 스크롤하는 것에는 익숙하지 않았으며 텍스트로 한꺼번에 제시된 메뉴에서는 해당 목록을 찾는 것을 어려워하는 것으로 나타났다. 인터넷 사용이 익숙하지 않는 고령 피험자의 경우에는 마우스에 반응을 하는 롤오버 메뉴를 조작하는 것조차 어려워하였으며 클릭하는 영역이 좁은 텍스트로 제시된 메뉴를 클릭하는 것에서도 오류가 많이 나타났다.

다이어트/여성건강	다이어트 식품 ┃ 갈슘 석품 ┃ 알로에/클로렐라 ┃ 기타 건강식품 ┃
농산물	쌀 ┃ 잡곡 ┃ 과일/야채 ┃ 버섯/콩감 ┃ 견과 ┃
축산물	갈비/정육 ┃ 양념육 ┃ 기타 ┃
수산물	굴비/독돔 ┃ 고등어/삼치 ┃ 건어물/해조류 ┃ 수산물조리식품 ┃
건강석품	홍삼/인삼 ┃ 생식 ┃ 스쿠알렌 ┃ 로얄제리 ┃ 키토산 ┃ 비타민 ┃ 보조식품 ┃
가공석품	김치 ┃ 반찬 ┃ 즉석요일 ┃ 장류/양념 ┃ 햄류 ┃ 한과/떡 ┃
차류/커피/음료	청량음료/주스/생수 ┃ 커피 ┃ 녹차/홍차/허브차 ┃ 선물세트 ┃ 꿀/혼합물 ┃ 장식소품 ┃
분유/기저귀	분유/이유식 ┃ 기저귀 ┃ 유아식품 ┃

〈첫 번째 웹 네비게이션 디자인 이미지〉

첫 번째 웹 네비게이션 디자인의 비디오 분석 결과를 살펴보면 롤오버 메뉴를 조작하는 데에서 오류를 범하는 고령 피험자가 나타났다.

〈두 번째 웹 네비게이션 디자인 이미지〉

두 번째 웹 네비게이션 디자인에서는 가로의 롤오버 메뉴는 마우스를 이동시킬 수 있는 세로의 영역이 좁으므로 고령 피험자들이 롤오버 메뉴를 놓치는 오류를 많이 범했다.

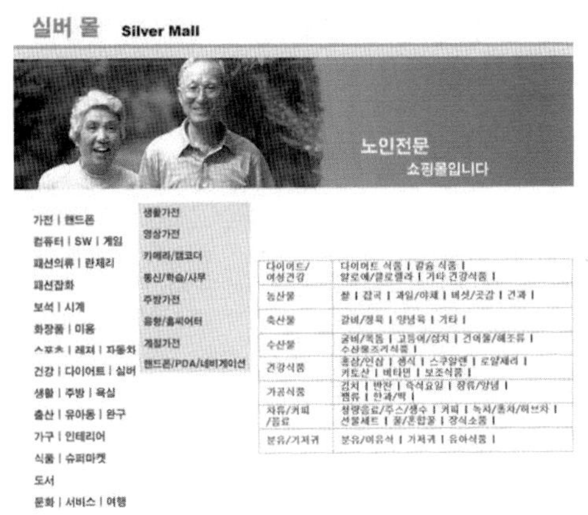

〈세 번째 웹 네비게이션 디자인 이미지〉

　세 번째 웹 네비게이션 디자인에서는 페이지의 왼쪽에 세로의 글로벌 메뉴가 아래로 길게 나타났기 때문에 고령 피험자들이 세로로 긴 메뉴 내에서 해당 목록을 찾기 위하여 페이지를 스크롤하는 과정에서 오류를 많이 범했다.

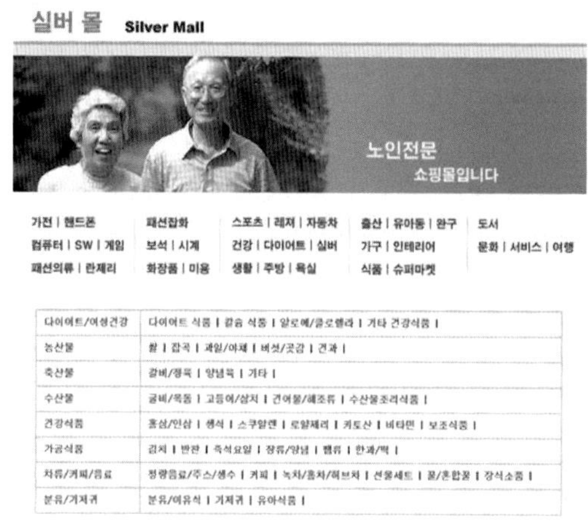

〈네 번째 웹 네비게이션 디자인 이미지〉

　네 번째 웹 네비게이션 디자인에서는 항목의 수가 많은 세분화된 글로벌 메뉴에서 고령 피험자들이 마우스를 정지시키거나 메뉴의 여기저기를 움직이며 해당 목록을 찾기 위하여 시간을 지체하는 경우가 많이 나타났다.

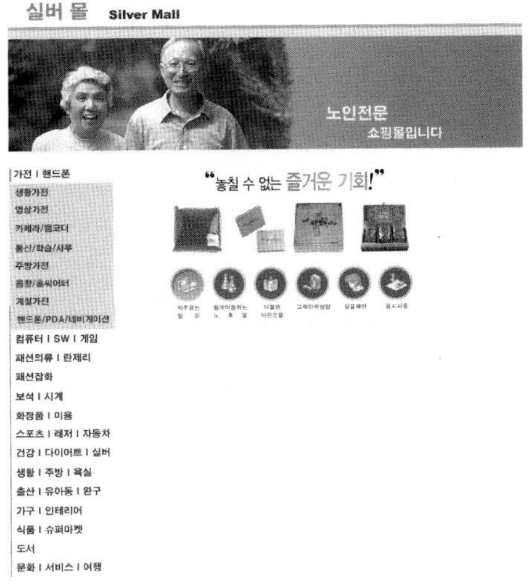

<다섯 번째 웹 네비게이션 디자인 이미지>

다섯 번째 웹 네비게이션 디자인은 왼쪽의 메인 글로벌 메뉴 아래로 펼침 메뉴가 나타나는 디자인으로 여기에서는 화면 아래로 가려진 메뉴를 찾지 못해 당황하는 고령 피험자가 많이 나타났으며 스크롤하는 과정에서 오류를 많이 범했다.

다이어트/여성건강	다이어트 식품 | 칼슘 식품 | 알로에/클로렐라 | 기타 건강식품 |
농산물	쌀 | 잡곡 | 과일/야채 | 버섯/곡갈 | 견과 |
축산물	갈비/정육 | 양념육 | 기타 |
수산물	굴비/옥돔 | 고등어/삼치 | 건어물/해조류 | 수산물조리식품 |
건강식품	홍삼/인삼 | 생식 | 스쿠알렌 | 로얄제리 | 키토산 | 비타민 | 보조식품 |
가공식품	김치 | 반찬 | 즉석요일 | 장류/양념 | 햄류 | 한과/떡 |
차류/커피/음료	청량음료/주스/생수 | 커피 | 녹차/홍차/허브차 | 선물세트 | 꿀/혼합꿀 | 장식소품 |
분유/기저귀	분유/이유식 | 기저귀 | 유아식품 |

〈여섯 번째 웹 네비게이션 디자인 이미지〉

여섯 번째 웹 네비게이션 디자인에서는 대부분의 고령 피험자가 별다른 오류 없이 과제를 수행할 수 있었다.

종합적으로 고령 피험자의 오류 부분을 분석해 보면 다음과 같다.

한꺼번에 텍스트로 제작된 메뉴에서는 목록이 한꺼번에 많이 나오기 때문에 고령 피험자들은 해당 항목을 찾는 것을 매우 어려워했다. 텍스트로 제시된 표 안에서 마우스를 빠르게 이리저리 움직이며 해당 목록을 찾기 위하여 시간을 지체하는 고령 피험자가 많이 나타났다. 식품의 메뉴를 클릭하면 들어갈 수 있는 첫 번째 계층구조의 페이지에서는, 두 번째 계층구조의 페이지뿐 아니라 세 번째 계층구조의 페이지로도 한 번의 클릭으로 들어갈 수 있도록 정보 계층구조의 단계를 뛰어넘을 수 있는 구조로 표 안에 하이퍼텍스트로 메뉴가 제작이 되었다. 하이퍼텍스트로 이루어진 메뉴는 이미지 파일로 만들어진 메뉴에 비하여 클릭을 할 수 있는 영역이 좁기 때문에 고령 피험자들이 클릭을 할 때에 오류를 범하는 경우가 많았다.

롤오버 메뉴의 사용에 있어서는 10명의 고령 피험자 중에서 7명의 고령 피험자가 롤오버 메뉴를 클릭하지 않고 글로벌 메뉴를 클릭하였다.

따라서 *고령 피험자가 오류 없이 쉽게 과제를 수행할 수 있는 웹 네비게이션 디자인은 롤오버 메뉴에 의한 클릭이 아닌 글로벌 메뉴에 의한 클릭으로 다음 단계의 페이지로 넘어가는 네비게이션 방식, 단계적으로 분류가 되고 항목의 수가 적은 메뉴를 가진 네비게이션 방식, 이미지 파일로 제작된 메뉴 그리고 스크롤이 되지 않는 페이지의 디자인이라고 할 수 있다.* 또한 페이지의 상단에 가로로 길게 제작된 글로벌 메뉴를 클릭하면 서브 카테고리 메뉴가 글로벌 메뉴 아래에 세로로 나타나는 웹 네비게이션 디자인에서 고령 피험자들의 오류가 가장 적게 나타났다. 따라서 *페이지의 상단에 가로로 길게 제작된 글로벌 메뉴와 글로벌 메뉴를 클릭하면 서브 카테고리 메뉴가 글로벌 메뉴 아래에 세로로 나타나는 웹 네비게이션 디자인이 고령자에게 오류 발생 측면에서 효과적인 웹 네비게이션 디자인이라고 할 수 있었다.*

■**효과적인 웹 네비게이션 디자인 요소의 크기, 위치, 레이아웃**

고령자가 편리하게 과제를 수행할 수 있는 네비게이션 디자인 요소의 크기와 위치, 레이아웃을 파악하기 위하여 10명의 고령 피험자와 실험이 끝나고 심층면접을 실시하였다.

고령 피험자들의 의견과 제안을 종합하면 다음과 같다.

첫째, 본문의 텍스트와 메뉴 레이블의 크기는 크게 제작되는 것이 편리하다.

둘째, 롤오버 메뉴에 의한 클릭이 아닌 글로벌 메뉴에서 직접 클릭이

되어 다음 단계의 페이지로 넘어가는 네비게이션 방식이 편리하다.

셋째, 서브 카테고리 메뉴는 글로벌 메뉴 아래에 세로로 나타나는 것이 편리하다.

넷째, 롤오버 메뉴는 다음 항목을 미리 제시해 주는 기능이 있으므로 존재하는 것이 편리하다.

다섯째, 페이지는 스크롤이 되지 않아야 편리하다.

여섯째, 메뉴는 짧고 간단한 단어로 제시되어야 편리하다.

일곱째, 메뉴를 분류하는 데에 있어서는 정보 계층구조의 깊이가 강조되는 단계적인 분류가 편리하다.

여덟째, 한 페이지에 제시되는 메뉴 항목의 수는 적은 것이 편리하다.

아홉째, 레이블로만 표현이 되는 메뉴보다는 레이블과 그림의 복합적 사용이 편리할 것이다.

열 번째, 부분적으로 화면을 확대하는 기능이 있다면 편리할 것이다.

열한 번째, 사용자가 현재 사용하지 않는 영역은 저절로 톤이 낮추어진다면 편리할 것이다.

3. 유니버설 웹 네비게이션 디자인

(1) 실험 준비

유니버설 웹 네비게이션 디자인은 어떤 것인가를 파악하기 위한 실험은 2개의 그룹에서 이루어졌다. 첫 번째 그룹은 일반인의 그룹이었고 두 번째 그룹은 고령자 그룹이었다.

고령자를 위해서 개발된 웹 네비게이션 디자인과 추가로 서로 다른 네비게이션 디자인의 특징을 가진 3개의 웹 네비게이션 디자인을 개발하였다.

디자인1에서는 고령자들에게 가장 이상적이라고 생각이 되는 네비게이션 디자인의 요소들로 제작이 되었다.

디자인1은 롤오버 메뉴가 존재하므로 정보 계층구조의 너비가 강조된 디자인이고 메뉴는 jpg이미지 파일로 제작되었다. 글로벌 메뉴는 페이지의 상단에 길게 위치하고 글로벌 메뉴를 롤오버하면 아래로 세로의 서브 카테고리 메뉴가 나타나게 되는 T자형 레이아웃을 보여주고 있었다. 가로로 긴 글로벌 메뉴와 글로벌 메뉴를 롤오버하거나 클릭하면 서브 카테고리 메뉴가 글로벌 메뉴 아래에 세로로 나타나는 네비게이션 디자인으로 구성되었다. 세 번째 계층구조(depth3)의 페이지에 이르는 메뉴는 컨텐츠 영역에서 사진 이미지와 함께 제공되어 최종 페이지로 링크되도록 제작되었다. 일반적인 웹 사이트의 본문 텍스트가 12포인트인 것에 비하여 16포인트의 큰 텍스트로 본문을 제작하였으며 레이블 역시 큰 텍스트로 제작이 되었다. 페이지는 스크롤이 되지 않도록 제작되었다.

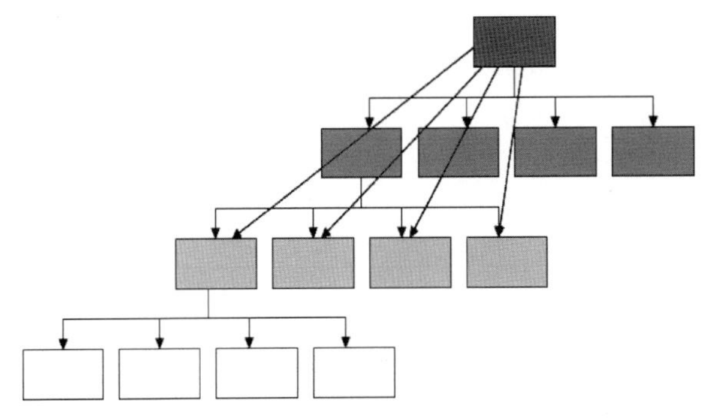

〈디자인1의 정보구조도〉

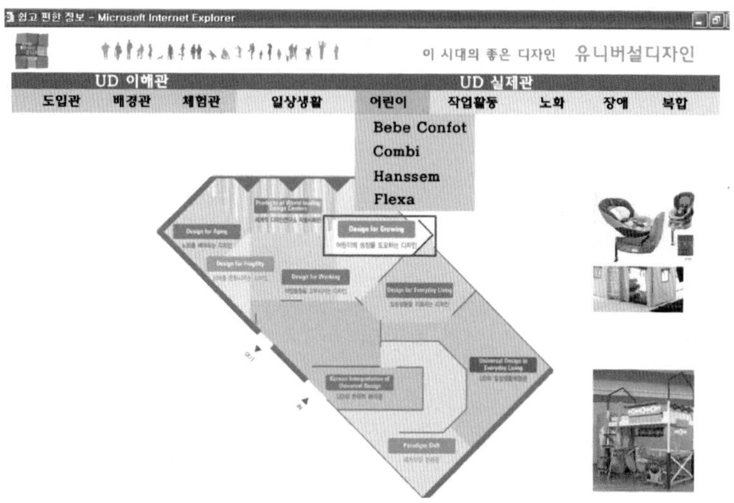

〈디자인1의 첫 페이지〉

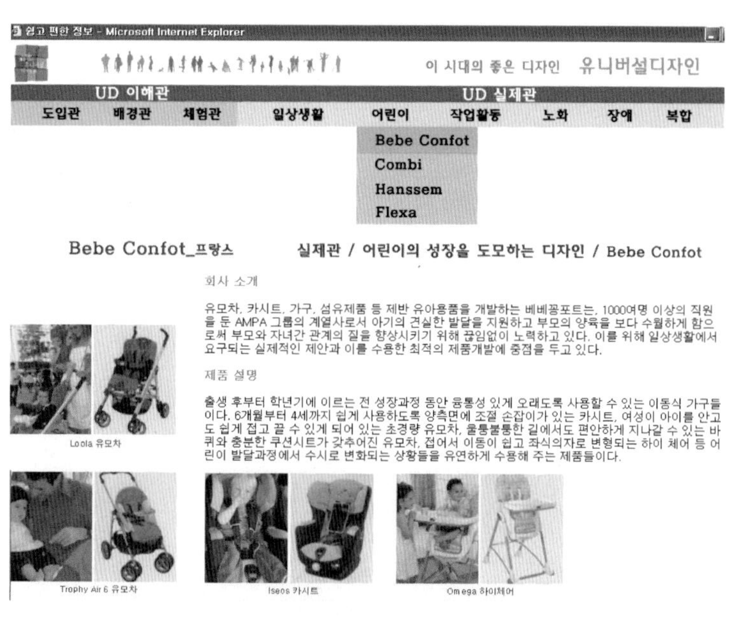

〈디자인1의 첫 번째 계층구조의 페이지〉

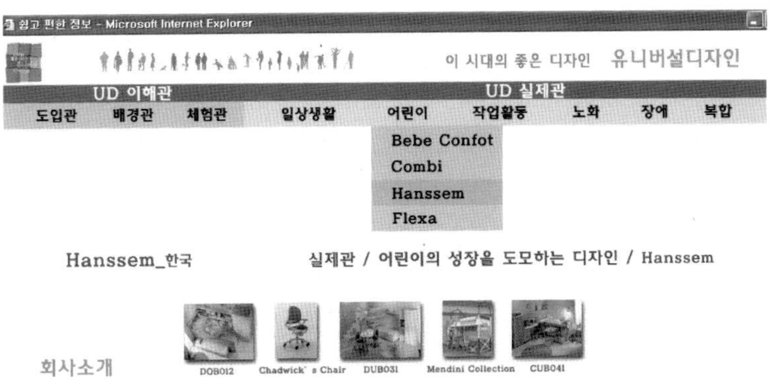

Hanssem_한국   실제관 / 어린이의 성장을 도모하는 디자인 / Hanssem

1970년 창립된 이래로 부엌가구, 침대, 붙박이장, 협탁, 소파, 테이블, 홈오피스, 학생방 가구 등 주거용 가구와 식기세척기, 오븐, 후드 등 가정기기, 조명, 패브릭, 생활소품 등을 생산하고 판매하고 있다. ㈜한샘은 한국의 주거환경을 개선하는데 적지않은 공헌을 해왔으며 부엌 뿐 아니라 인테리어, 주택 전반으로 사업 영역을 확대해 세계 최강의 주거환경 전문기업으로 도약할 것을 경영 목표로 하고 있다.

〈디자인1의 두 번째 계층구조의 페이지〉

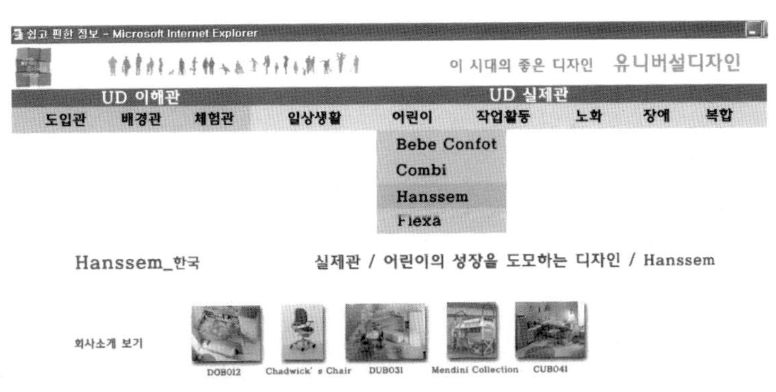

Hanssem_한국   실제관 / 어린이의 성장을 도모하는 디자인 / Hanssem

Mendini Collection

건축가이자 산업디자이너로 전세계에 잘 알려진 알레산드로 멘디니(Alessandro Mendini)는 어린이를 위해 상상력이 풍부하고 안전을 고려한 어린이방을 계획하였다.

아이들의 흥미와 상상력을 자극하는 다양한 컬러를 과감하게 사용하였고 유머러스한 디자인은 아동용가구는 어른의 것과 다르다는 디자인 철학을 보여준다.

올려진 이층침대는 집모양의 프레임으로 자신의 집으로 느끼게 하였고 원하는 형태와 위치에 고정할 수 있는 수납선반은 사용자 편의에 따라 사용될 수 있다. 아크릴 소재의 반투명 도어는 안전하면서도 외부에서 쉽게 물품을 보고 찾을 수 있게 하였다.

재미있는 형태의 조절레버, 바퀴, 악세서리들은 작은 아동의 힘으로도 쉽게 잡고 움직일 수 있으며 안전한 소재와 눈에 잘 띄는 칼라로 사용상 편리함을 주었다.

〈디자인1의 세 번째 계층구조의 페이지〉

디자인2의 네비게이션 디자인은 현황조사의 결과 국내 대기업 웹 사이트의 가장 일반적인 웹 네비게이션 디자인을 기초로 하여 제작을 하였다. 롤오버 메뉴가 존재하지 않으므로 디자인1에 비하여 정보 계층구조의 깊이가 더 강조된 구조이며 메뉴는 jpg이미지 파일로 제작되었고 글로벌 메뉴는 페이지의 상단에 길게 위치하고 그 아래로 가로의 서브 카테고리 메뉴가 나타나게 되는 二자형 레이아웃을 보여주고 있었다. 가로로 긴 글로벌 메뉴와 글로벌 메뉴를 클릭하면 그 아래로 나타나는 가로의 서브 카테고리 메뉴로 구성이 되어 있으며 롤오버 메뉴는 존재하지 않으며 페이지가 스크롤되지 않도록 디자인되었다. 디자인1과 마찬가지로 세 번째 계층구조의 페이지에 이르는 메뉴는 컨텐츠 영역에서 사진 이미지와 함께 제공되어 최종 페이지로 링크되도록 제작되었다. 본문의 텍스트는 일반 웹 사이트에서 나타나는 텍스트의 크기인 12포인트의 돋움체로 처리가 되어 있고, 메뉴 레이블의 크기는 디자인1보다는 작게 제작이 되었다.

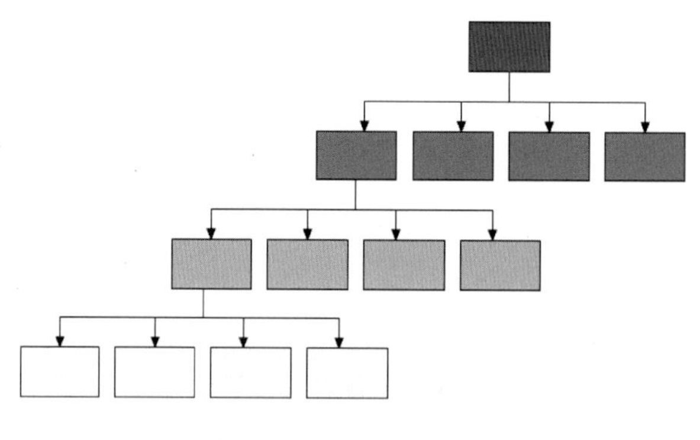

〈디자인2의 정보구조도〉

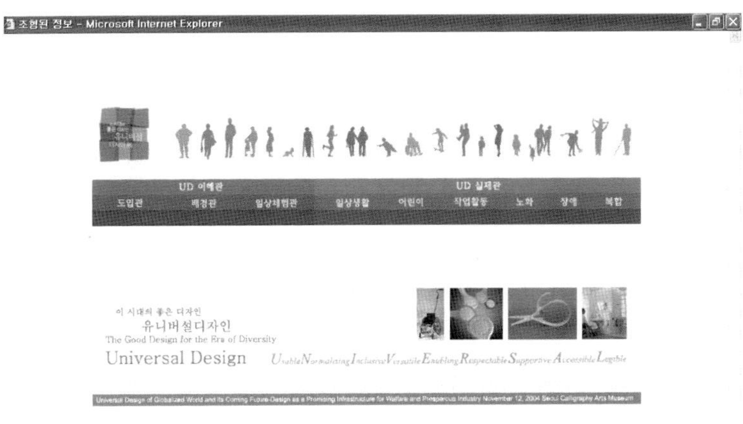

〈디자인2의 첫 페이지〉

〈디자인2의 첫 번째 계층구조의 페이지〉

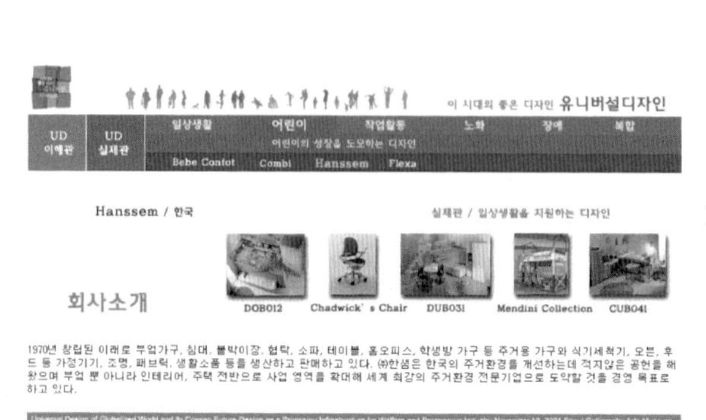

〈디자인2의 두 번째 계층구조의 페이지〉

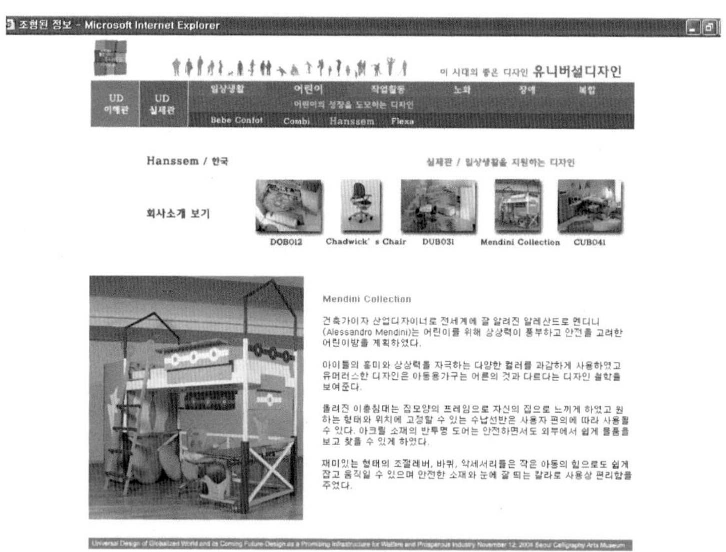

〈디자인2의 세 번째 계층구조의 페이지〉

디자인3은 롤오버 메뉴가 존재하지 않으며 글로벌 메뉴는 jpg이미지
파일로 제작되고 서브 카테고리 메뉴는 하이퍼링크가 되는 텍스트로

제작되었다. 글로벌 메뉴는 페이지의 왼쪽에 세로로 위치하고 서브 카테고리 메뉴는 페이지의 상단에 가로로 위치한 디자인이었다. 디자인3의 가장 큰 특징은 첫 페이지에서 컨텐츠 페이지로 바로 이동할 수 있는 링크방식(deeper link)을 제공하여 한 번의 클릭으로 두 번째 계층구조(depth2)의 페이지로 이동할 수 있고 세 번째 계층구조의 페이지에 이르기 위해서는 메뉴를 클릭하지 않고 페이지를 스크롤해서 원하는 목록을 찾을 수 있도록 디자인되었다. 따라서 한 번의 클릭으로 원하는 페이지에 이를 수 있는 정보 계층구조의 너비가 가장 강조된 디자인이었다. 클릭의 수를 적게 하면서 다음 정보의 페이지로 갈 수 있는 가능성을 여러 가지로 제시하고 있다. 본문은 12포인트의 돋움체로 제작이 되어 있으며 페이지의 왼쪽에 세로로 나타나는 글로벌 메뉴와 작은 텍스트로 페이지의 상단에 위치한 서브 카테고리 메뉴로 네비게이션 디자인이 제작되어 있다. 페이지가 스크롤이 되는 것은 고령자를 대상으로 한 실험에서 고령 피험자가 기피하였던 네비게이션 디자인이다.

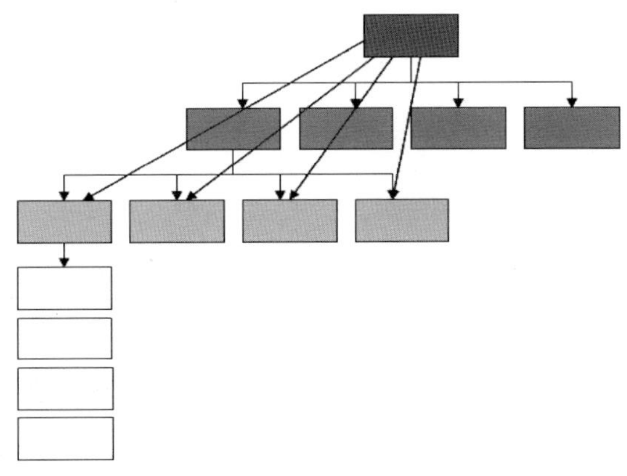

〈디자인3의 정보구조도〉

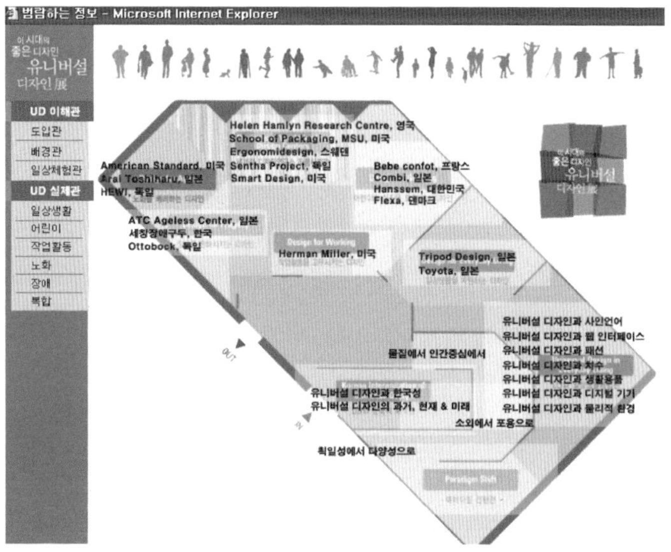

〈디자인3의 첫 페이지〉

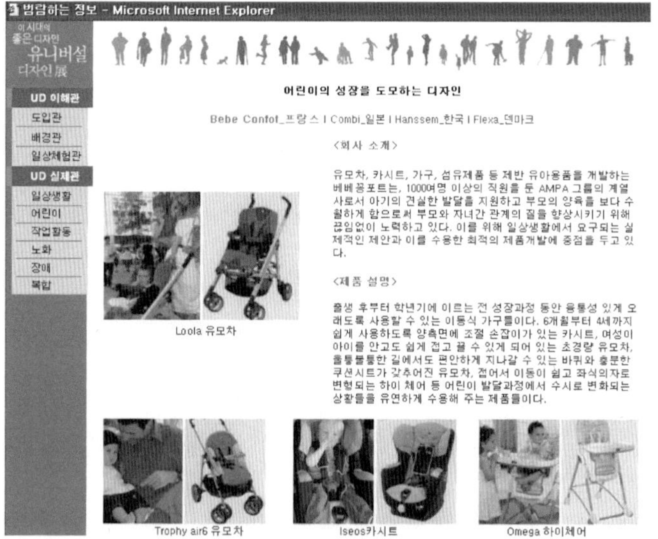

〈디자인3의 첫 번째 계층구조의 페이지〉

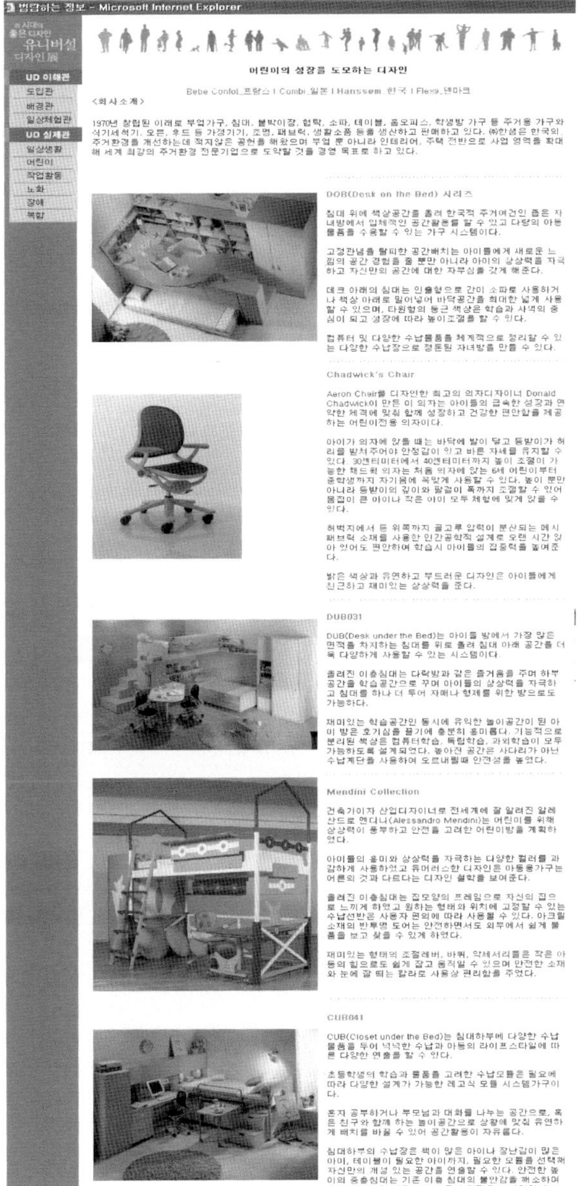

어린이의 성장을 도모하는 디자인

Bebe Confol_프랑스 | Combi_일본 | Hanssem 한국 | Flexa_덴마크

〈회사소개〉

1970년 창립된 이래로 부엌가구, 침대, 붙박이장, 협탁, 소파, 테이블, 홈오피스, 학생방 가구 등 주거용 가구와 식기세척기, 오븐, 후드 등 가정기기, 조명, 패브릭, 생활소품 등을 생산하고 판매하고 있다. ㈜한샘은 한국의 주거환경을 개선하는데 적지않은 공헌을 해왔으며 부엌 뿐 아니라 인테리어, 주택 전반으로 사업 영역을 확대해 세계 최강의 주거환경 전문기업으로 도약할 것을 경영 목표로 하고 있다.

DOB(Desk on the Bed) 시리즈

침대 위에 책상공간을 올려 한국적 주거여건인 좁은 자녀방에서 입체적인 공간활용을 할 수 있고 다량의 아동 물품을 수용할 수 있는 가구 시스템이다.

고정관념을 탈피한 공간배치는 아이들에게 새로운 느낌의 공간 경험을 줄 뿐만 아니라 아이의 상상력을 자극하고 자신만의 공간에 대한 자부심을 갖게 해준다.

데크 아래의 침대는 인출형으로 간이 소파로 사용하거나 책상 아래로 밀어넣어 바닥공간을 최대한 넓게 사용할 수 있으며, 타원형의 둥근 책상은 학습과 사색의 중심이 되고 성장에 따라 높이조절을 할 수 있다.

컴퓨터 및 다양한 수납물품을 체계적으로 정리할 수 있는 다양한 수납장으로 정돈된 자녀방을 만들 수 있다.

Chadwick's Chair

Aeron Chair를 디자인한 최고의 의자디자이너 Donald Chadwick이 만든 이 의자는 아이들의 급속한 성장과 연약한 체격에 맞춰 함께 성장하고 건강한 편안함을 제공하는 어린이전용 의자이다.

아이가 의자에 앉을 때는 바닥에 발이 닿고 등받이가 허리를 받쳐주어야 안정감이 있고 바른 자세를 유지할 수 있다. 30센티미터에서 40센티미터까지 높이 조절이 가능한 채드윅 의자는 처음 의자에 앉는 6세 어린이부터 중학생까지 자기몸에 꼭맞게 사용할 수 있다. 높이 뿐만 아니라 등받이의 깊이와 팔걸이 폭까지 조절할 수 있어 몸집이 큰 아이나 작은 아이 모두 체형에 맞게 앉을 수 있다.

허벅지에서 등 위쪽까지 골고루 압력이 분산되는 메시 패브릭 소재를 사용한 인간공학적 설계로 오랜 시간 앉아 있어도 편안하여 학습시 아이들의 집중력을 높여준다.

밝은 색상과 유연하고 부드러운 디자인은 아이들에게 친근하고 재미있는 상상력을 준다.

DUB031

DUB(Desk under the Bed)는 아이들 방에서 가장 많은 면적을 차지하는 침대를 위로 올려 침대 아래 공간을 더욱 다양하게 사용할 수 있는 시스템이다.

올려진 이층침대는 다락방과 같은 즐거움을 주며 하부 공간을 학습공간으로 꾸며 아이들의 상상력을 자극하고 침대를 하나 더 두어 자매나 형제를 위한 방으로도 가능하다.

재미있는 학습공간인 동시에 유익한 놀이공간이 된 아이 방은 호기심을 풀기에 충분히 흥미롭다. 기능적으로 분리된 책상은 컴퓨터학습, 독립학습, 과외학습이 모두 가능하도록 설계되었다. 높아진 공간은 사다리가 아닌 수납계단을 사용하여 오르내릴때 안전성을 높였다.

Mendini Collection

건축가이자 산업디자이너로 전세계에 잘 알려진 알레산드로 멘디니(Alessandro Mendini)는 어린이를 위해 상상력이 풍부하고 안전을 고려한 어린이방을 계획하였다.

아이들의 흥미와 상상력을 자극하는 다양한 컬러를 과감하게 사용하였고 유머러스한 디자인은 아동용가구는 어른의 것과 다르다는 디자인 철학을 보여준다.

올려진 이층침대는 집모양의 프레임으로 자신의 집으로 느끼게 하였고 원하는 형태와 위치에 고정할 수 있는 수납선반은 사용자 편의에 따라 사용될 수 있다. 아크릴 소재의 반투명 도어는 안전하면서도 외부에서 쉽게 물품을 보고 찾을 수 있게 하였다.

재미있는 형태의 조절레버, 바퀴, 악세서리들은 작은 아동의 힘으로도 쉽게 잡고 움직일 수 있으며 안전한 소재와 눈에 잘 띄는 칼라로 사용상 편리함을 주었다.

CUB041

CUB(Closet under the Bed)는 침대하부에 다양한 수납물품을 두어 넉넉한 수납과 아동의 라이프스타일에 따른 다양한 연출을 할 수 있다.

초등학생의 학습과 물품을 고려한 수납모듈은 필요에 따라 다양한 설계가 가능한 레고식 모듈 시스템가구이다.

혼자 공부하거나 부모님과 대화를 나누는 공간으로, 혹은 친구와 함께 하는 놀이공간으로 상황에 맞춰 유연하게 배치를 바꿀 수 있어 공간활용이 자유롭다.

침대하부의 수납장은 책이 많은 아이나 장난감이 많은 아이, 테이블이 필요한 아이까지, 필요한 모듈을 선택해 자신만의 개성 있는 공간을 연출할 수 있다. 안전한 놀이의 출입침대는 기존 이층 침대의 불안감을 해소하며 수납도 가능한 계단으로 아동의 안전을 고려하였다.

〈디자인3의 두 번째 계층구조의 페이지〉

디자인4의 네비게이션 디자인은 고령 사용자가 지각하기 어려운 움직이는 텍스트로 제작이 된 인트로를 본 페이지 이전에 삽입하였으며 인트로 다음의 페이지 또한 고령 사용자가 조작하기 어려운 마우스에 반응하는 메뉴로 구성을 하였다. 글로벌 메뉴는 페이지의 하단에 가로로 위치하고 서브 카테고리 메뉴는 페이지의 상단에 가로로 나타나도록 제작이 되었다. 또한 정보 계층구조의 최하위의 페이지는 next와 before의 클릭으로 페이지를 전환할 수 있는 순차적 연결구조로 제작이 되어 네 가지의 디자인 중에서 가장 많은 클릭을 해야 원하는 페이지에 도달할 수 있는 웹 네비게이션 디자인이었다.

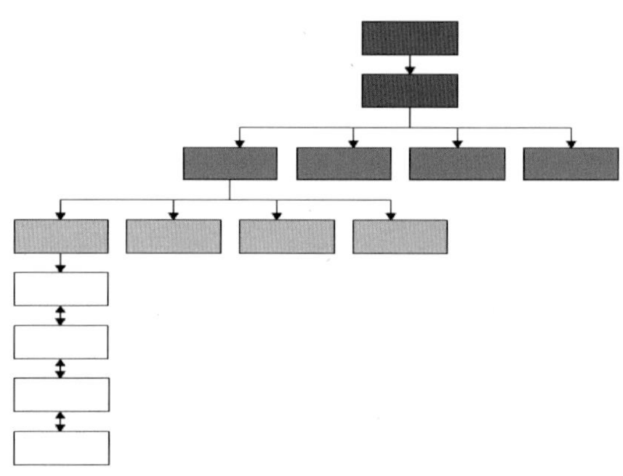

〈디자인4의 정보구조도〉

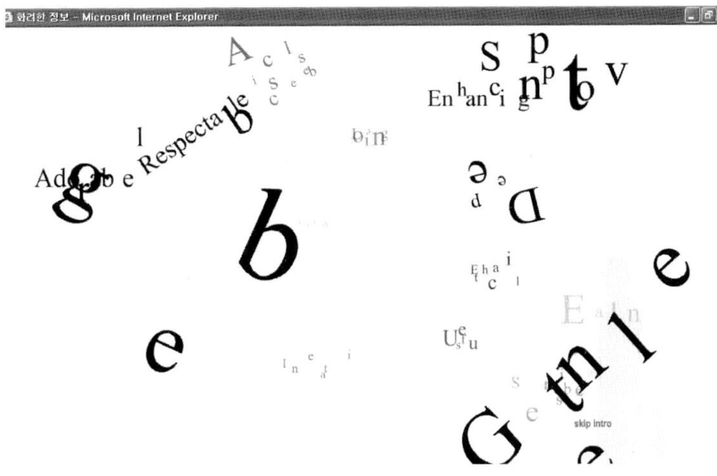

〈디자인4의 인트로 페이지〉

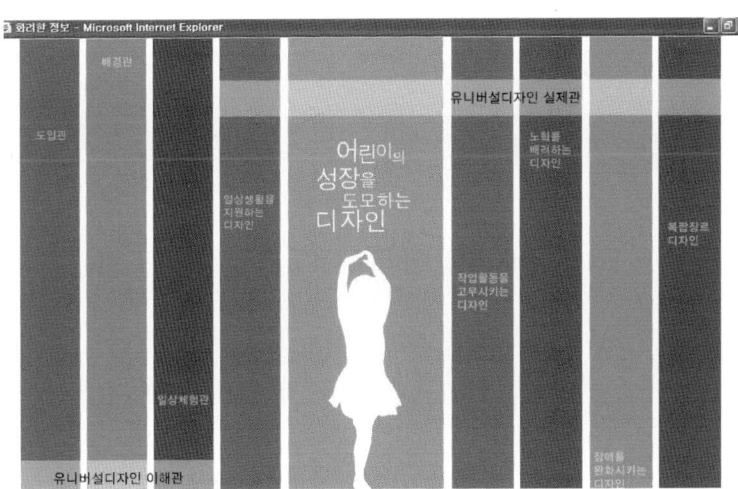

〈디자인4의 첫 페이지〉

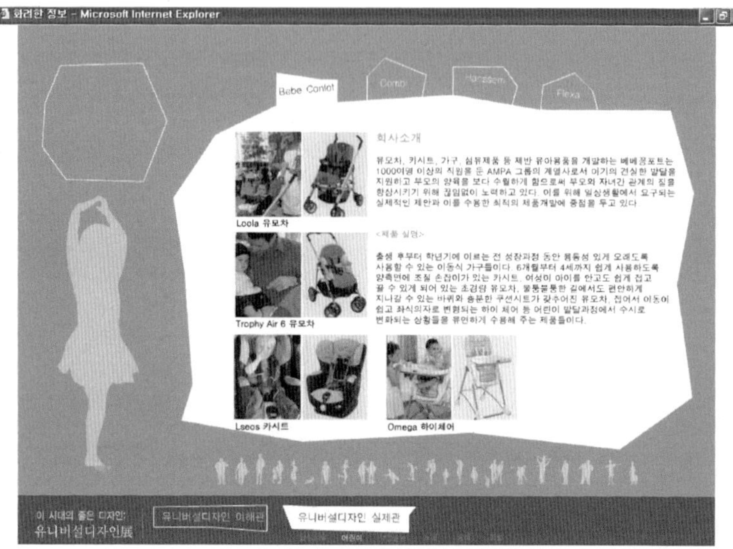

〈디자인4의 첫 번째 계층구조의 페이지〉

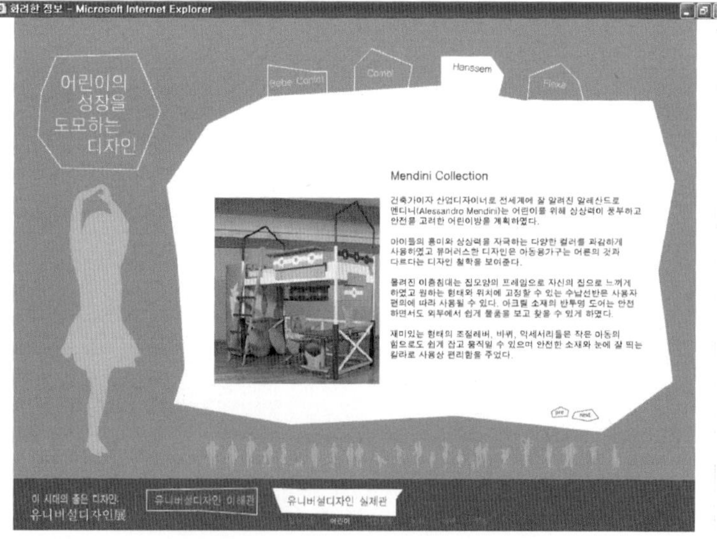

〈디자인1의 세 번째 계층구조의 페이지〉

〈개발된 웹 네비게이션 디자인의 특징〉

	디자인1	디자인2	디자인3	디자인4
정보설계	계층구조	계층구조	계층구조	계층구조＋ 순차적 연결구조
본문의 텍스트의 크기	16pt	12pt	12pt	12pt
글로벌 메뉴의 레이블 텍스트의 크기	가장 큼	보통	보통	작음
서브 카테고리 메뉴의 레이블 텍스트의 크기	가장 큼	보통	작음	아주 작음
글로벌 메뉴의 위치	가로 상단	가로 상단	왼쪽 세로	가로 하단
글로벌 메뉴의 표현방법	jpg이미지파일	jpg이미지파일	jpg이미지파일	애니메이션
서브 카테고리 메뉴의 위치	글로벌 메뉴 아래 세로	글로벌 메뉴 아래 가로	페이지 상단 가로	페이지 상단 가로
서브카테고리 메뉴의 표현방법	jpg이미지파일	jpg이미지파일	텍스트	jpg이미지파일
롤오버메뉴	O	X	X	X
움직이는 애니메이션	X	X	X	O
스크롤	X	X	O	X
deeper link	X	X	O	X
인트로	X	X	X	O
메뉴의 레이아웃 ■ 글로벌 메뉴 ■ 서브 카테고리 메뉴 ■ 목록 메뉴				

(2) 실험 과정

실험은 일반인 사용자 30명, 고령 사용자 30명을 대상으로 하여 과제 부과형 평가방법을 실시하였으며 피험자가 과제를 완수한 후에는 롤오버 메뉴, 글로벌 메뉴의 위치, 서브 카테고리 메뉴의 위치, 텍스트의 크기, 움직이는 이미지 또는 마우스에 반응하는 이미지에 관한 설문조사를 실시하였다.

피험자에게 제시된 과제 시나리오는 다음과 같다.

"당신은 컨텐츠가 모두 동일하고 웹 네비게이션 디자인이 다르게 제작이 된 4개의 사이트에서 어린이의 성장을 도모하는 디자인의 메뉴를 찾은 후 한샘의 목록에서 Mendini Collection의 페이지를 찾는 것입니다."

피험자에게 제시된 과제는 4개의 서로 다른 네비게이션 디자인으로 이루어진 사이트의 첫 화면에서 정보 계층구조의 3번째 단계의 페이지에 이르는 과정이었다. 모든 피험자들에게는 랜덤(ramdom)한 순서로 연속적으로 4개의 사이트에서 같은 과제를 수행하도록 하였으며 피험자는 제시된 순서에 따라 과제를 수행하였다. 과제를 수행하는 과정은 예비조사와 같이 캠타시아라는 프로그램을 이용하여 avi.파일로 저장을 하였다.

(3) 실험 분석 방법

수집된 자료는 다음과 같은 방법으로 분석하였다.

첫째, 유니버설 디자인과 사용편의성의 원리에 따라 사용자가 정보를 최대한 단시간에 찾을 수 있는 효율적 디자인이 되었는가의 평가를 위하여 사용편의성 평가방법에 따라 피험자의 정보 검색 소요 시간을 측정하였다. 가장 빠르게 과제를 수행한 네비게이션 디자인을 파악하기 위하여 일반 피험자 30명, 고령 피험자 30명을 대상으로 각 피험자가 원하는 정보를 찾기 시작하는 시점에서 정보를 찾은 시점까지의 정보 검색 소요 시간이 측정이 되었으며 화려한 네비게이션의 인트로 화면에서 소요되는 시간은 제외하였다.

측정된 시간은 SPSS 12.0 윈도우용 프로그램을 이용하여 일반 사용자와 고령 사용자를 두 그룹을 구분하여 연령을 개체-간 요인(Between-Subjects Factor)으로 하고 네 가지의 웹 네비게이션 디자인을 개체-내 변수(Within Subjects Variables)로 하여 반복측정 이원변량분석(repeated two-way ANOVA)에 의해서 분석하였다.

둘째, 유니버설 디자인과 사용편의성의 원리에 따라 사용자가 정보를 찾아가는 과정에서 길을 잃지 않았는가, 또한 길을 잃었을 때 다시 찾아오는 과정을 파악하기 위하여 오류 발생 측면을 조사하였다. 저장된 avi.파일을 비디오 분석하여 피험자가 과제를 수행하는 과정에서 발생하는 오류 횟수, 오류 발생 부분, 오류를 범했을 때의 사용자의 대응 등을 체크하여 피험자의 오류를 유발시키는 웹 네비게이션 디자인 요인에 관하여 파악하였다.

셋째, 유니버설 디자인과 사용편의성의 원리에 따라 사용자에게 편하게 정보를 안내하기 위해서는 네비게이션 디자인 요소의 크기와 위치, 레이아웃은 어떻게 하는 것이 가장 효과적인가를 파악하기 위하여 실험이 끝나고 롤오버 메뉴의 유무, 스크롤의 유무, 글로벌 메뉴의 위치, 서브 카테고리 메뉴의 위치, 텍스트의 크기, 움직이는 이미지 또는 마우스에 반응하는 이미지, 가장 편리하게 사용한 네비게이션 디자인에 관한 설문조사를 실시하였고 조사된 내용은 빈도분석을 통하여 백분율로 산출하였다.

(4) 실험 결과

시간 측면에서 효과적인 웹 네비게이션 디자인

고령자를 위한 실험의 결과를 기초로 고령 사용자에게 가장 이상적이라고 생각되는 웹 네비게이션 디자인인 디자인1에서 일반 피험자 그룹 30명의 피험자가 정보를 찾아 나가는 정보 검색 소요 시간의 평균은 11.03초로 측정되었다. 디자인2에서 일반 피험자 그룹의 평균 정보 검색 소요 시간은 15.50초였으며 디자인3에서 일반 피험자 그룹의 정보 검색 소요 시간의 평균은 28.00초였고 디자인4에서 일반 피험자 그룹의 정보 검색 소요 시간의 평균은 30.07초였다.

디자인1에서 고령 피험자 그룹 30명의 평균 정보 검색 소요 시간은 14.03초였으며 디자인2에서 평균 정보 검색 소요 시간은 21.07초였고 디자인3에서 평균 정보 검색 소요 시간은 22.13초였으며 디자인4에서 평균 정보 검색 소요 시간은 37.13초였다.

빨리 과제를 수행한 정보 검색 소요 시간의 순서를 보면 일반 피험자 그룹과 고령 피험자 그룹의 결과가 똑같다고 할 수 있으며 디자인1과 디자인2, 디자인4에서는 일반 피험자 그룹이 고령 피험자 그룹보다 과제를 빨리 수행하였으나 디자인3에서는 고령 피험자 그룹이 일반 피험자 그룹보다 더 빨리 과제를 수행하였다.

단위 (초)

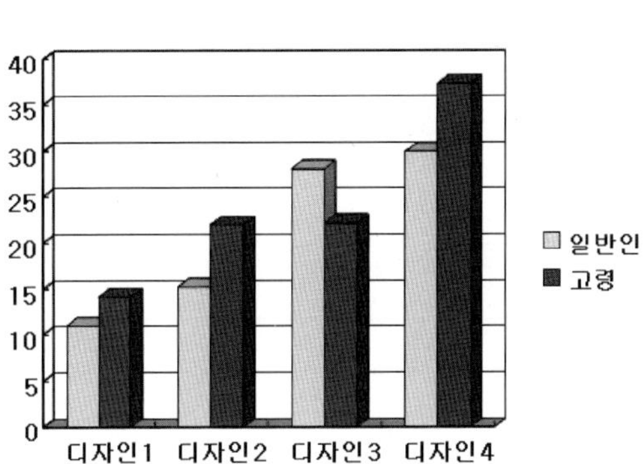

〈일반인과 고령 피험자 그룹의 웹 네비게이션 디자인에
따른 평균 정보 검색 소요 시간〉

피험자의 웹 네비게이션 디자인에 따른 정보 검색 소요 시간의 평균과 표준편차를 연령의 그룹에 따라 제시하면 다음과 같다.

〈정보 검색 소요 시간에 대한 웹 네비게이션 디자인, 연령별 평균 및 표준편차〉

	디자인1	디자인2	디자인3	디자인4
일반 N=30	10.87 (4.14)*	15.67 (8.30)	28.00 (23.49)	32.07 (16.59)
고령자 N=30	14.03 (6.75)	21.07 (13.96)	22.13 (12.06)	37.13 (19.66)
전체 N=60	12.45 (5.78)	18.37 (11.71)	25.07 (18.75)	34.60 (18.21)

*( ) 안은 표준편차임

각 웹 네비게이션 디자인에 따라 피험자가 과제를 수행하는 정보 검색 소요 시간에 유의한 차이가 나타나는가를 알아보기 위해 일반 사용자 그룹과 고령 사용자 그룹을 연령에 따른 두 그룹을 구분하여 나이를 개체-간 요인으로 하고 네 가지의 웹 네비게이션 디자인을 개체-내 변수로 하여 반복측정 이원변량분석을 실시한 결과는 다음과 같다.

〈웹 네비게이션 디자인, 연령에 따른 정보 검색 소요 시간의 변량분석 결과〉

변수	자승화	자유도	평균자승화	F
개체-간 변수				
연령	226.20	1	226.20	0.68
오차변량	19266.04	58	332.17	
개체-내 변수				
웹 네비게이션 디자인	16261.58	2.38	6831.40	31.85*
오차변량	27250.06	140.83	193.49	

* $p < .001$

웹 네비게이션 디자인에 따른 주 효과($p < .001$)가 유의한 것으로 나타났다. 한편 연령에 따른 주 효과 및 웹 네비게이션 디자인과 연령의 상호 작용 효과는 유의하지 않았다. 즉 모든 피험자가 웹 네비게이션 디자인에 따라 과제를 수행하는 정보 검색 소요 시간이 차이가 났으며 이러한 차이는 연령과 상관이 없는 것으로 나타났다.

따라서 본문의 텍스트와 메뉴 레이블이 크게 제작되고 페이지의 상단에 가로로 길게 디자인이 된 글로벌 메뉴와 글로벌 메뉴를 롤오버하거나 클릭하면 그 아래에 세로로 서브 카테고리 메뉴가 나타나는 쉽고 편한 네비게이션이 정보 검색 소요 시간 측면에서 효율적인 웹 네비게이션 디자인이라고 말할 수 있다.

첫 번째 계층구조의 페이지인 '어린이를 위한 디자인'까지 피험자가 찾아가는 시간을 측정한 결과는 다음과 같다. 일반 피험자 그룹과 고령 피험자 그룹에서 쉽고 편한 네비게이션에서는 롤오버 메뉴를 이용하여 첫 번째 계층구조의 페이지를 뛰어넘어 두 번째 정보 계층구조의 페이지로 직접 가게 되는 경우가 있었기 때문에 롤오버 메뉴를 이용한 사례는 실험의 분석에서 제외하였다. 일반 피험자는 16명이 롤오버 메뉴를 이용하였고 고령 피험자는 9명이 롤오버 메뉴를 이용하였다.

　롤오버 메뉴를 이용한 피험자를 제외한 일반 피험자 14명이 첫 번째 계층구조의 페이지까지 이른 시간의 평균은 4.57초로 측정되었다. 디자인1에서 일반 피험자가 첫 번째 계층구조의 페이지까지 이른 시간의 평균은 4.43초였으며 디자인3에서 일반 피험자가 첫 번째 계층구조의 페이지까지 이른 시간의 평균은 6.71초였고 디자인4에서 일반 피험자가 첫 번째 계층구조의 페이지까지 이른 시간의 평균은 15.93초였다.

　디자인1에서 롤오버 메뉴를 이용한 피험자를 제외한 고령 피험자 그룹 21명의 첫 번째 계층구조의 페이지까지 이른 시간의 평균은 5.38초였으며 디자인2에서 고령 피험자가 첫 번째 계층구조의 페이지까지 이른 시간의 평균은 5.57초였고 디자인3에서 고령 피험자가 첫 번째 계층구조의 페이지까지 이른 시간의 평균은 8.57초였으며 디자인4에서 고령 피험자가 첫 번째 계층구조의 페이지까지 이른 시간의 평균은 17.29초였다.

　첫 번째 계층구조의 페이지까지 이르는 정보 검색 소요 시간 순서에 따른 웹 네비게이션 디자인을 보면 일반 피험자 그룹의 결과는 디자인2, 디자인1, 디자인3, 디자인4의 순서였으며 고령 피험자 그룹의 결과는 디자인1, 디자인2, 디자인3, 디자인4의 순으로 나타났다.

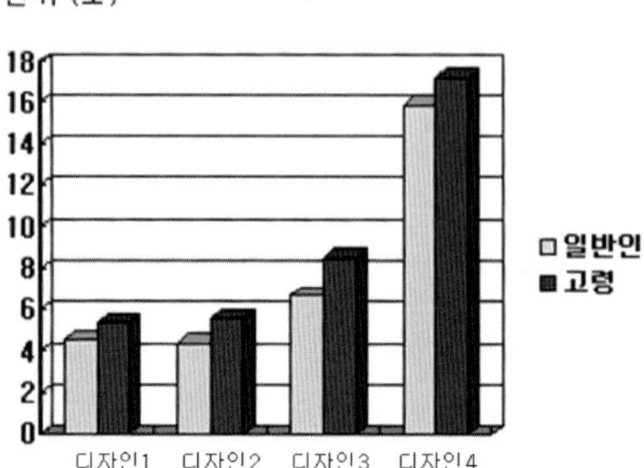

〈일반인과 고령 피험자 그룹의 웹 네비게이션
디자인에 따른 첫 번째 계층구조 페이지까지의
평균 정보 검색 소요 시간〉

피험자의 웹 네비게이션 디자인에 따른 첫 번째 계층구조 페이지까지의 정보 검색 소요 시간의 평균과 표준편차를 연령의 그룹에 따라 제시하면 다음과 같다.

〈첫 번째 계층구조 페이지까지의 정보 검색 소요 시간에 대한 웹 네비게이션
디자인, 연령별 평균 및 표준편차〉

	디자인1	디자인2	디자인3	디자인4
일반 N=14	4.57 (2.20)*	4.42 (2.90)	6.71 (4.51)	15.93 (9.95)
고령자 N=21	5.38 (3.22)	5.57 (5.73)	8.57 (6.77)	17.28 (11.69)
전체 N=35	12.45 (5.05)	18.37 (5.11)	25.07 (7.82)	34.60 (16.74)

*( ) 안은 표준편차임

각 웹 네비게이션 디자인에 따라 피험자가 첫 번째 계층구조의 페이지까지 이르는 검색 소요 시간에 유의한 차이가 나타나는가를 알아보기 위해 일반 사용자 그룹과 고령 사용자 그룹을 연령에 따른 두 그룹을 구분하여 나이를 개체-간 요인으로 하고 네 가지의 웹 네비게이션 디자인을 개체-내 변수로 하여 반복측정 이원변량분석을 실시한 결과는 다음과 같다.

〈웹 네비게이션 디자인, 연령에 따른 첫 번째 계층구조 페이지까지 정보 검색 소요 시간의 변량분석 결과〉

변수	자승화	자유도	평균자승화	F
개체-간 변수				
연령	56.06	1	56.06	0.66
오차변량	2807.11	33	85.06	
개체-내 변수				
웹 네비게이션 디자인	3061.46	1.92	1591.54	29.65*
오차변량	3407.05	33.00	103.24	

* p< .001

표에서 보는 바와 같이 웹 네비게이션 디자인에 따른 주 효과 (p<.001)가 유의한 것으로 나타났다. 한편 연령에 따른 주 효과 및 웹 네비게이션 디자인과 연령의 상호 작용 효과는 유의하지 않았다. 즉 모든 피험자가 웹 네비게이션 디자인에 따라 과제를 수행하는 정보 검색 소요 시간이 차이가 났으며 이러한 차이는 연령과 상관이 없는 것으로 나타났다.

첫 번째 계층구조 페이지까지에 이르는 네비게이션은 글로벌 메뉴에 의하여 이루어지는 네비게이션이다. 디자인1과 디자인2의 글로벌 메뉴는 페이지의 상단에 가로로 긴 메뉴이고 디자인1의 메뉴 레이블은 디자인2의 레이블보다 크게 제작이 되어 있다. 디자인3의 글로벌 메뉴는 페이지의 왼쪽에 아래로 길게 디자인이 된 메뉴이고 디자인4에서 피험자가 첫 번째 계층구조의 페이지에 가기 위해서는 마우스에 반응하는 메뉴를 이용해야 한다.

일반 피험자 그룹은 디자인2에서 가장 정보 검색 시간을 짧게 소요하였으며 고령 피험자 그룹은 디자인1에서 가장 정보 검색 시간을 짧게 소요하였다. 따라서 고령자를 위한 실험 결과와 마찬가지로 페이지의 상단에 가로로 길게 디자인이 된 글로벌 메뉴가 정보 검색 소요시간 측면에서 가장 효율적인 것으로 입증이 되었으며 고령 피험자들에게는 일반 피험자보다 크게 제작된 레이블이 더 효율적인 것으로 나타났다.

〈디자인1에서 제시되는 글로벌 메뉴와 서브 카테고리 메뉴〉

UD 이해관				UD 실제관				
도입관	배경관	체험관	일상생활	어린이	작업활동	노화	장애	복합
				Bebe Confot				
				Combi				
				Hanssem				
				Flexa				

두 번째 계층구조의 페이지인 '한샘'까지 피험자가 찾아가는 시간을 측정한 결과는 다음과 같다. 일반 피험자 그룹과 고령 피험자 그룹에서 디자인1에서는 롤오버 메뉴를 이용하여 첫 번째 계층구조의 페이지를 뛰어넘어 두 번째 정보 계층구조의 페이지로 직접 찾아가는 롤오버 메뉴를 이용한 실험의 사례는 제외하였다. 일반 피험자는 16명이 롤오버 메뉴를 이용하였고 고령 피험자는 9명이 롤오버 메뉴를 이용하였다.

롤오버 메뉴를 이용한 피험자를 제외한 일반 피험자 14명이 쉽고 편한 네비게이션에서 첫 번째 계층구조의 페이지에서 두 번째 계층구조의 페이지까지 이른 시간의 평균은 4.21초로 측정되었다. 디자인2에서 일반 피험자가 첫 번째 계층구조의 페이지에서 두 번째 계층구조의 페이지까지 이른 시간의 평균은 6.92초였으며 디자인3에서 일반 피험자가 첫 번째 계층구조의 페이지에서 두 번째 계층구조의 페이지까지 이른 시간의 평균은 15.85초였고 디자인4에서 일반 피험자가 첫 번째 계층구조의 페이지에서 두 번째 계층구조의 페이지까지 이른 시간의 평균은 5.00초였다.

디자인2에서 고령 피험자 그룹 21명이 첫 번째 계층구조의 페이지에서 두 번째 계층구조의 페이지까지 이른 시간의 평균은 3.09초였으며 디자인2에서 고령 피험자가 첫 번째 계층구조의 페이지에서 두 번째 계층구조의 페이지까지 이른 시간의 평균은 7.48초였다. 디자인3에서 고령 피험자가 첫 번째 계층구조의 페이지에서 두 번째 계층구조의 페이지까지 이른 시간의 평균은 6.00초였으며 디자인4에서 고령 피험자가 첫 번째 계층구조의 페이지에서 두 번째 계층구조의 페이지까지 이른 시간의 평균은 5.96초였다.

첫 번째 계층구조의 페이지에서 두 번째 계층구조 페이지까지의 정보 검색 소요 시간의 순서를 보면 일반 피험자 그룹은 디자인1, 디자인4, 디자인2, 디자인3의 순서였으며 고령 피험자 그룹의 결과는 디자인1, 디자인4, 디자인3, 디자인2의 순으로 나타났다.

110

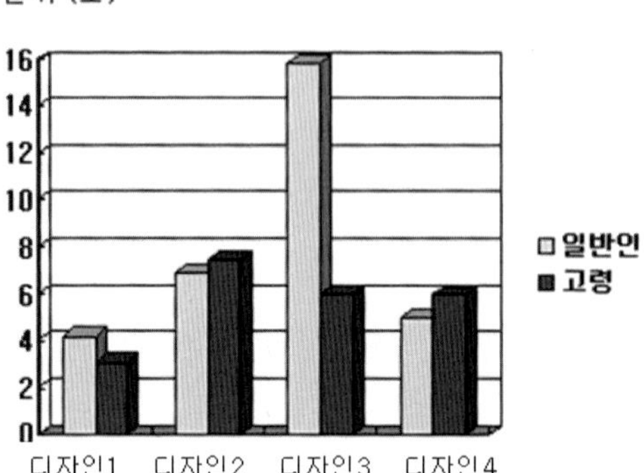

〈일반인과 고령 피험자 그룹의 웹 네비게이션
디자인에 따른 첫 번째 계층구조의 페이지에서
두 번째 계층구조 페이지까지의 평균 정보 검색
소요 시간〉

피험자의 웹 네비게이션 디자인에 따른 첫 번째 계층구조의 페이지
에서 두 번째 계층구조 페이지까지의 정보 검색 소요 시간의 평균과
표준편차를 연령의 그룹에 따라 제시하면 다음과 같다.

〈첫 번째 계층구조의 페이지에서 두 번째 계층구조 페이지까지의 정보 검색
소요 시간에 대한 웹 네비게이션 디자인, 연령별 평균 및 표준편차〉

	디자인1	디자인2	디자인3	디자인4
일반 N=14	4.21 (3.96)*	6.93 (3.87)	15.86 (18.01)	5.00 (2.88)
고령자 N=21	3.09 (1.96)	7.48 (4.77)	6.00 (3.62)	5.96 (3.75)
전체 N=35	3.51 (2.89)	7.27 (4.40)	9.73 (12.24)	5.59 (3.44)

*(   ) 안은 표준편차임

각 웹 네비게이션 디자인에 따라 피험자가 과제를 수행하는 정보 검색 소요 시간에 유의한 차이가 나타나는가를 알아보기 위해 일반 사용자 그룹과 고령 사용자 그룹을 연령에 따른 두 그룹을 구분하여 나이를 개체-간 요인으로 하고 네 가지의 웹 네비게이션 디자인을 개체-내 변수로 하여 반복측정 이원변량분석을 실시한 결과는 다음과 같다.

〈웹 네비게이션 디자인, 연령에 따른 두 번째 계층구조 페이지까지 정보 검색 소요 시간의 변량분석 결과〉

변수	자승화	자유도	평균자승화	F
개체-간 변수				
연령	195.46	1	195.46	3.80
오차변량	2807.11	33	85.06	
개체-내 변수				
웹 네비게이션 디자인	1005.08	1.50	670.46	8.49*
웹 네비게이션 디자인 X 연령	671.78	1.59	448.13	5.67**
오차변량	4145.09	52.47	79.00	

* p< .01   ** p< .05

표에서 보는 바와 같이 웹 네비게이션 디자인에 따른 주 효과($p<.01$) 및 웹 네비게이션 디자인과 연령의 상호 작용 효과($p<.05$)가 유의한 것으로 나타났다. 한편 연령에 따른 주 효과는 유의하지 않았다. 즉 모든 피험자가 웹 네비게이션 디자인에 따라 과제를 수행하는 정보 검색 소요 시간이 차이가 났으며 이러한 차이는 연령이 영향을 주는 것으로 나타났다.

첫 번째 계층구조의 페이지에서 두 번째 계층구조의 페이지까지 이르는 네비게이션은 서브 카테고리 메뉴에 의하여 이루어지는 네비게이션이다. 정보 검색 소요 시간이 가장 짧은 쉽고 편한 네비게이션은 글로벌 메뉴 아래에 세로로 서브 카테고리 메뉴가 나타나는 디자인이며 디자인2와 디자인3, 디자인4 페이지의 서브 카테고리 메뉴는 페이지의 상단에 길게 위치한 디자인이다. 디자인3의 서브 카테고리 메뉴는 텍스트로 제작이 되어 있다.

일반 피험자 그룹과 고령 피험자 그룹 모두 쉽고 편한 네비게이션에서 가장 짧게 정보 검색 시간을 소요하였다. 따라서 글로벌 메뉴 아래에 세로로 디자인이 된 서브 카테고리 메뉴가 정보 검색 소요 시간 측면에서 가장 효율적인 것으로 검증되었다. 또한 디자인1에서 첫 번째 계층구조의 페이지에서 두 번째 계층구조의 페이지까지 가는 과정에서 고령 피험자가 일반 피험자보다 더 빨리 과제를 수행하였으므로 글로벌 메뉴 아래에 세로로 디자인이 된 서브 카테고리 메뉴는 고령 피험자에게 더 편한 네비게이션 디자인인 것을 알 수 있었으며 디자인3에서 일반 피험자가 매우 늦게 과제를 수행한 것을 보면 일반 피험자들은 페이지의 상단에 텍스트로 제작이 된 서브 카테고리 메뉴가 익숙하지 않은 네비게이션 디자인이란 것을 알 수 있었다.

세 번째 계층구조의 페이지인 'Mendini collection'까지 피험자가 찾아가는 시간을 측정해 본 결과는 다음과 같다.

일반 피험자 그룹이 디자인1에서 두 번째 계층구조의 페이지에서 세 번째 계층구조의 페이지까지 이른 시간의 평균은 3.73초로 측정되었다. 디자인2에서 일반 피험자가 두 번째 계층구조의 페이지에서 세 번째 계층구조의 페이지까지 이른 시간의 평균은 5.30초였으며 디자인3에서 일반 피험자가 두 번째 계층구조의 페이지에서 세 번째 계층구조의 페이지까지 이른 시간의 평균은 4.63초였고 디자인4에서 일반 피험자가 두 번째 계층구조의 페이지에서 세 번째 계층구조의 페이지까지 이른 시간의 평균은 11.63초였다.

디자인1에서 고령 피험자 그룹이 두 번째 계층구조의 페이지에서 세 번째 계층구조의 페이지까지 이른 시간의 평균은 6.40초였으며 디자인2에서 고령 피험자가 두 번째 계층구조의 페이지에서 세 번째 계층구조의 페이지까지 이른 시간의 평균은 8.70초였다. 디자인3에서 고령 피험자가 두 번째 계층구조의 페이지에서 세 번째 계층구조의 페이지까지 이른 시간의 평균은 6.83초였으며 디자인4에서 고령 피험자가 두 번째 계층구조의 페이지에서 세 번째 계층구조의 페이지까지 이른 시간의 평균은 13.43초였다.

두 번째 계층구조의 페이지에서 세 번째 계층구조 페이지까지의 정보 검색 소요 시간에 따른 웹 네비게이션 디자인의 순서를 보면 일반 피험자 그룹과 고령 피험자 그룹 모두 디자인1, 디자인3, 디자인2, 디자인4의 순으로 나타났다.

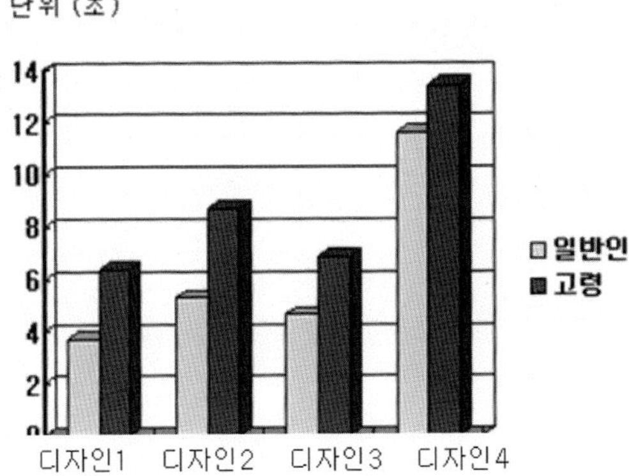

〈일반인과 고령 피험자 그룹의 웹 네비게이션 디자인에 따른 두 번째 계층구조의 페이지에서 세 번째 계층구조 페이지까지의 평균 정보 검색 소요 시간〉

　피험자의 웹 네비게이션 디자인에 따른 두 번째 계층구조의 페이지에서 세 번째 계층구조 페이지까지의 정보 검색 소요 시간의 평균과 표준편차를 연령의 그룹에 따라 제시하면 다음과 같다.

〈두 번째 계층구조의 페이지에서 세 번째 계층구조 페이지까지의 정보 검색 소요 시간에 대한 웹 네비게이션 디자인, 연령별 평균 및 표준편차〉

	디자인1	디자인2	디자인3	디자인4
일반 N=30	3.73 (1.80)*	5.30 (5.86)	4.63 (2.99)	11.63 (12.63)
고령자 N=30	6.40 (4.35)	8.70 (7.90)	6.83 (4.24)	13.43 (12.67)
전체 N=60	5.07 (3.56)	7.00 (7.11)	5.73 (3.80)	12.53 (12.58)

*( ) 안은 표준편차임

　각 웹 네비게이션 디자인에 따라 피험자가 과제를 수행하는 정보 검색 소요 시간에 유의한 차이가 나타나는가를 알아보기 위해 일반 사용자 그룹과 고령 사용자 그룹을 연령에 따른 두 그룹을 구분하여 나이를 개체－간 요인으로 하고 네 가지의 웹 네비게이션 디자인을 개체－내 변수로 하여 반복측정 이원변량분석을 실시한 결과는 다음과 같다.

〈웹 네비게이션 디자인, 연령에 따른 세 번째 계층구조 페이지까지 정보 검색
소요 시간의 변량분석 결과〉

변수	자승화	자유도	평균자승화	F
개체-간 변수				
연령	380.02	1	380.02	4.93*
오차변량	4473.82	58	77.13	
개체-내 변수				
웹 네비게이션 디자인	2075.93	1.59	1305.02	13.32**
웹 네비게이션 디자인 X 연령	21.25	1.59	13.36	0.14
오차변량	4145.09	52.47	79.00	

* p< .05   ** p< .001

표에서 보는 바와 같이 웹 네비게이션 디자인에 따른 주 효과
(p<.001) 및 연령의 주 효과(p<.05)가 유의한 것으로 나타났다. 즉 모
든 피험자가 웹 네비게이션 디자인과 연령 따라 과제를 수행하는 정
보 검색 소요 시간이 차이가 나는 것으로 나타났다. 즉 고령 피험자는
일정하게 일반 피험자에 비하여 두 번째 계층구조의 페이지에서 정보
검색 소요 시간이 증가하였으며 고령 피험자와 일반 피험자 모두 디
자인1, 디자인3, 디자인2, 디자인4의 순서로 세 번째 계층구조의 페이
지에 갈 수 있었다.

디자인1에서 두 번째 계층구조의 페이지에서 세 번째 계층구조의
페이지에 이르는 네비게이션 디자인은 페이지의 중앙에 그림과 레이
블로 이루어진 메뉴가 중앙 정렬의 형태로 나타났으며 디자인2에서는
똑같은 디자인이 오른쪽 정렬의 형태로 나타났다. 디자인3에서는 페이
지를 스크롤해야 세 번째 계층구조의 페이지에 갈 수 있었으며 디자

인4에서는 next 버튼을 2번 클릭해야 세 번째 계층구조의 페이지에 이를 수 있었다. 따라서 그림에서 제시되는 네비게이션 디자인과 같이 중앙에 정렬이 된 그림과 레이블로 이루어진 메뉴가 최하위 메뉴에서는 효율적인 네비게이션 디자인인 것으로 나타났다.

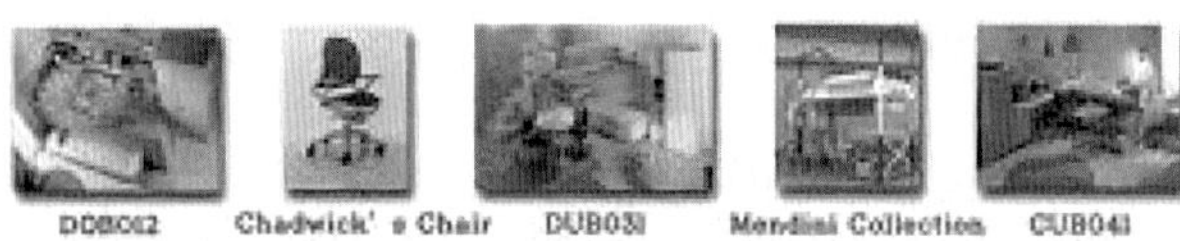

〈디자인1에서 제시된 최하위 메뉴〉

고령자를 위한 웹 네비게이션 디자인의 실험 결과를 기초로 하여 제작이 된 고령자에게 가장 이상적인 웹 네비게이션 디자인은 페이지의 상단에 가로로 길게 디자인이 된 글로벌 메뉴와 글로벌 메뉴를 롤오버하거나 클릭하면 그 아래에 세로로 제시되는 서브 카테고리 메뉴, 크게 제작이 된 본문의 텍스트와 메뉴의 레이블, 그리고 스크롤이 되지 않는 페이지의 레이아웃으로 이루어진 디자인1이었으며 이러한 웹 네비게이션 디자인에서 고령 피험자와 일반 피험자 모두 가장 빠르게 정보를 찾을 수 있었다. 또한 고령자와 일반인의 실험 결과에서 첫 번째 계층구조와 두 번째 계층구조, 그리고 세 번째 계층구조의 페이지에 이르는 정보 검색 소요 시간, 전체의 정보 검색 소요 시간의 측정 결과를 보면 모두 디자인1에서 고령 피험자와 일반 피험자들이 가장 효율적으로 정보를 찾는 것으로 나타났다. 고령 피험자와 일반 피험자 모두 페이지의 상단에 가로로 길게 디자인이 된 글로벌 메뉴와 글로벌 메뉴를 롤오버하거나 클릭하면 그 아래로 나타나는 서브 카테고리 메뉴, 그리고 중앙에 그림과 레이블로 제작이 된 최하위 메뉴에서 정보를 빠르게 찾는 것을 알 수 있었다.

따라서 *모든 사용자에게 정보 검색 소요 시간 측면에서 효율적인 웹 네비게이션 디자인은 페이지의 상단에 가로로 길게 디자인이 된 글로벌 메뉴와 글로벌 메뉴를 롤오버하거나 클릭하면 그 아래에 세로로 제시되는 서브 카테고리 메뉴, 크게 제작이 된 본문의 텍스트와 메뉴의 레이블, 그리고 스크롤이 되지 않는 페이지의 레이아웃으로 된 디자인이라고 할 수 있으며 고령자에게 효율적인 웹 네비게이션 디자인에서는 일반인도 정보를 효율적으로 찾을 수 있는 것으로 나타났다.*

오류 발생 측면에서 효과적인 웹 네비게이션 디자인

유니버설 디자인과 사용편의성의 원리에 따른 웹 네비게이션 디자인은 사용자가 정보를 찾아가는 과정에서 길을 잃지 않아야 하며 길을 잃었을 때 다시 되돌아올 수 있어야 한다. 즉 오류의 발생이 최소화된 웹 네비게이션 디자인이 유니버설 디자인과 사용편의성의 원리에 따른 웹 네비게이션 디자인이라고 말할 수 있다.

오류 발생 측면에서 효과적인 웹 네비게이션 디자인을 파악하기 위해 일반 피험자 30명과 고령 피험자 30명이 과제를 수행하는 과정을 비디오 분석하여 피험자가 어떤 웹 네비게이션 디자인의 어느 부분에서 오류를 범하고 얼마나 많은 오류를 범하였는가를 분석한 결과는 다음과 같다.

피험자가 가장 빨리 과제를 수행한 디자인1에서 피험자들이 과제를 수행한 결과를 보면 일반 피험자 그룹의 30명 중 16명이 정보 계층구조의 단계를 뛰어넘어 글로벌 메뉴 아래의 롤오버 메뉴를 클릭한 것에 비하여 고령 피험자는 30명 중 9명만이 롤오버 메뉴를 클릭하였다. 나머지 피험자들은 롤오버 메뉴를 이용하지 않고 글로벌 메뉴를 직접 클릭하여 단계적으로 정보를 찾아 나갔다. 그리고 일반 피험자와 고령 피험자 모두 디자인1에서는 별다른 오류 없이 과제를 수행할 수 있었다.

오류 발생 횟수를 보면 일반 피험자들은 디자인1에서 1회, 디자인2에서 1회, 디자인3에서 3회, 디자인4에서 6회의 오류를 범하여 총 11회의 오류를 범하였다. 고령 피험자들은 디자인1과 디자인3에서는 오류를 범하지 않았으며 디자인2에서 2회, 디자인4에서 7회의 오류를 범하여 총 9회의 오류를 범하였다. 즉 고령 피험자들은 정보를 찾는 과정에서 일반 피험자들에 비하여 신중하게 클릭을 하는 과정을 보여주었다.

〈웹 네비게이션 디자인에 따른 피험자들의 오류 발생 횟수〉

(단위: 회)

	디자인1	디자인2	디자인3	디자인4	총
일반피험자	1	1	3	6	11
고령피험자	0	2	0	7	9

비디오 분석으로 일반 피험자가 오류를 범하는 과정을 살펴보면 디자인1과 디자인2에서는 오류를 범한 이후 다시 쉽게 원하는 목록으로 돌아올 수 있었다. 즉 디자인1과 디자인2는 오류의 복구가 용이한 네비게이션 디자인이라고 할 수 있었다. 디자인3에서는 첫 번째 계층구조의 페이지에서 한샘의 목록이 텍스트로 제작이 되었기 때문에 한샘의 목록을 찾기 어려워하는 일반 피험자가 많았으며 첫 화면에서 제시된 deeper link에서는 일반 피험자가 정보를 찾는 데에 혼란을 많이 주게 되었다.

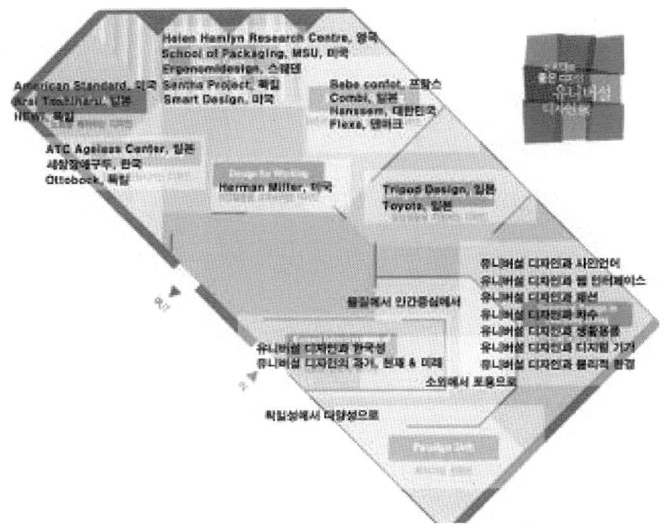

〈디자인3에서 제시된 deeper link〉

고령 피험자들은 deeper link를 전혀 의식하지 않고 단계적으로 원하는 목록을 찾았기 때문에 디자인3에서는 오류를 범하지 않았으며 디자인2에서는 오류를 범하고 첫 화면으로 돌아가 다시 정보를 찾기 시작하였다. 디자인2에서는 쉽게 오류를 복구하는 과정을 보여주었다.

디자인4에서는 일반 피험자와 고령 피험자 모두 마우스에 반응하는 메뉴에서 오류를 많이 범하였다. 또한 오류를 범한 이후에는 화면의 하단에 있는 메뉴에서 다시 원하는 페이지로 이동을 할 수 있었으며 순차적 연결구조를 보여주는 next 버튼을 찾지 못하여 당황하거나 다시 처음부터 시작을 하는 피험자가 많이 나타났다. 일반 피험자와 고령 피험자 모두 화려한 네비게이션에서는 오류를 어렵게 복구하는 과정을 보여주었다.

〈디자인4에서 제시된 마우스에 반응하는 메뉴〉

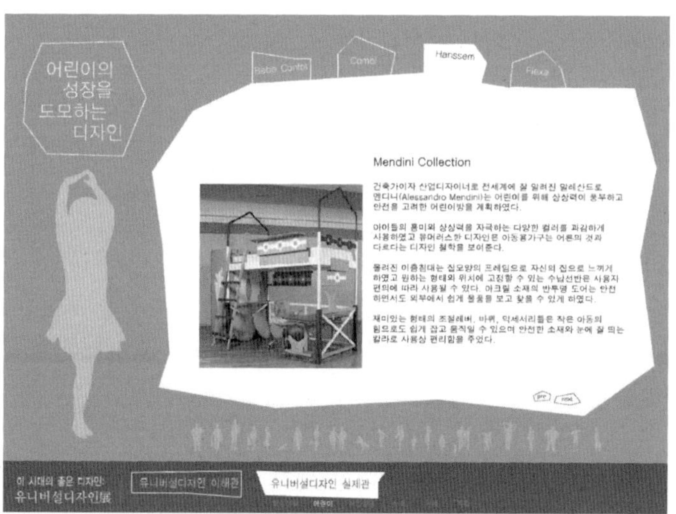

〈디자인4에서 제시된 하단에 있는 메뉴와 next 버튼〉

디자인4에서 일반 피험자들은 움직이는 텍스트로 제작이 된 인트로 화면을 흥미를 갖고 즐기는 경우가 많은 반면 고령의 피험자들은 곧

skip 버튼을 클릭함으로써 본 내용의 페이지로 빨리 이동을 하는 경향을 보여주었다.

고령자를 위한 웹 네비게이션 디자인의 결과로 고령자에게 가장 이상적인 웹 네비게이션 디자인으로 제작이 된 가로로 길게 디자인이 된 글로벌 메뉴와 글로벌 메뉴를 롤오버하거나 클릭하면 세로로 제시되는 서브 카테고리 메뉴, 크게 제작이 된 본문의 텍스트와 메뉴의 레이블, 그리고 스크롤이 되지 않는 페이지의 레이아웃으로 이루어진 디자인1에서 고령 피험자와 일반인 피험자 모두 오류를 거의 범하지 않았으며 어려움이 없이 정보를 찾을 수 있었다. 따라서 고령자에게 오류 발생 측면에서 효과적인 웹 네비게이션 디자인에서는 일반인도 정보를 찾아가는 과정에서 오류 발생 가능성이 적은 것으로 나타났다.

효과적인 웹 네비게이션 디자인 요소의 크기, 위치, 레이아웃

피험자가 편리하게 과제를 수행할 수 있는 웹 네비게이션 디자인 요소의 크기와 위치, 레이아웃을 파악하기 위하여 고령 피험자 30명과 일반 피험자 30명에게 실험이 끝나고 설문을 실시한 결과는 다음과 같다.

첫째, 본문이 큰 텍스트로 제작이 된 것에 관한 의견은 다음과 같다.

일반 피험자 그룹의 30명 가운데 18명이 잘 보여서 편리하다는 답변을 하였으며 5명은 큰 텍스트는 공간을 많이 차지하기 때문에 불편하다는 답변을 하였고 7명은 큰 텍스트는 예쁘지 않다는 답변을 하였다. 또한 고령 피험자 그룹의 30명 가운데 22명이 잘 보여서 편하다는 답변을 하였으며 3명은 공간을 많이 차지해서 불편하다는 답변을 하였고 5명은 글자 크기가 커서 예쁘지 않다는 답변을 하였다.

60명 전체 응답자의 67%가 본문이 큰 텍스트로 처리가 되어서 편리하다는 답변을 하였다. 따라서 이 문항의 답변 결과를 보면 일반 피험자와 고령 피험자 모두가 큰 텍스트로 제작이 된 본문을 편리하게 생각을 하고 있으나 고령의 피험자가 큰 텍스트를 더 선호하고 있었다.

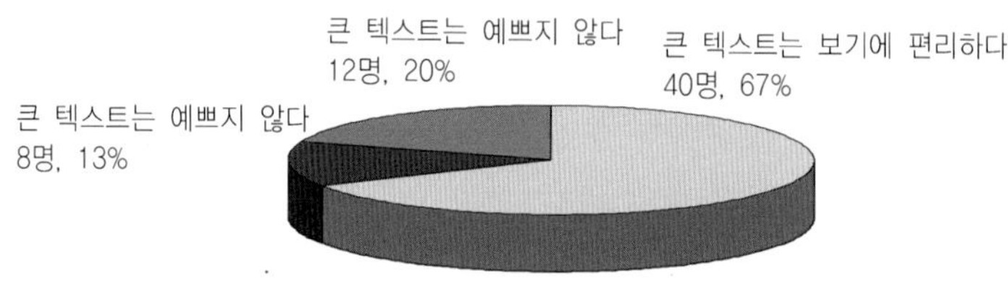

〈페이지에 제시된 큰 텍스트에 관한 의견〉

둘째, 스크롤에 대한 의견에 관하여는 일반 피험자 그룹의 30명 중 14명이 스크롤되는 페이지가 더 편리하다는 답변을 하였으며 16명은 클릭을 하더라도 정보가 단계적으로 분류가 되는 것이 더 편리하다는 답변을 하였다. 고령의 피험자 그룹의 15명이 스크롤이 더 편리하다는 답변을 하였으며 14명은 클릭을 많이 하더라도 정보가 단계적으로 분류가 되는 것이 더 편리하다는 답변을 하였고 1명은 답변을 하지 않았다. 따라서 스크롤의 편의성에 관한 설문에서는 뚜렷한 차이가 나타나지 않았다.

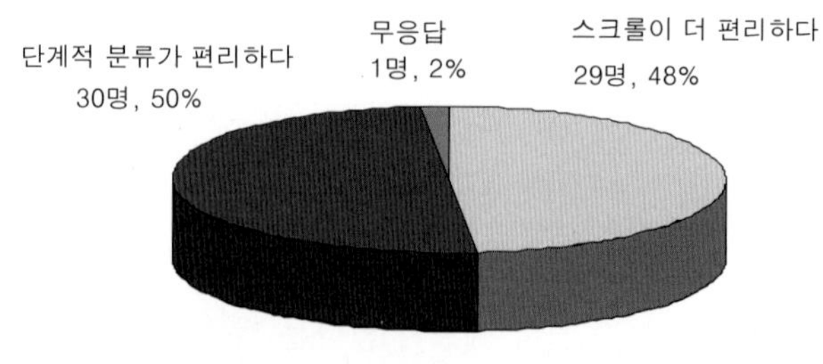

〈피험자의 스크롤에 관한 의견〉

　셋째, 롤오버 메뉴에 관한 의견에서는 일반 피험자의 그룹의 30명 가운데 18명이 롤오버 메뉴는 다음 목록을 제시해 주기 때문에 편리하다고 답변하였으며 12명은 혼란스럽고 불편하다고 답변하였다. 고령의 피험자 그룹의 30명 중 19명은 롤오버 메뉴가 편리하다고 답변을 하였고 11명이 불편하다고 답변을 하여 전체 60명의 응답자 가운데 62%인 37명이 롤오버 메뉴가 편리하다고 답변을 하여 일반 피험자와 고령 피험자 모두 롤오버 메뉴를 편리하게 생각하는 것으로 나타났다.

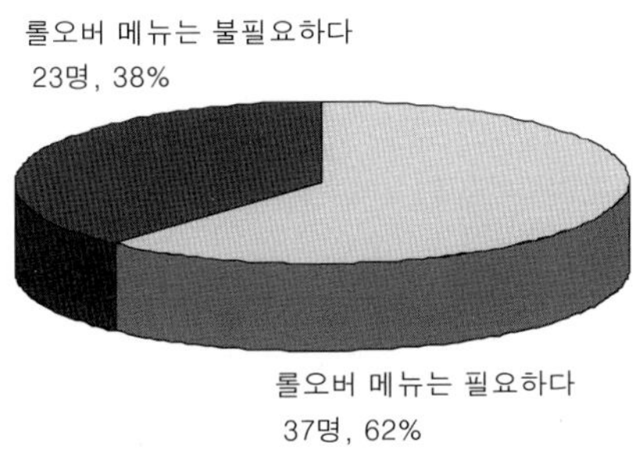

〈피험자의 롤오버 메뉴에 관한 의견〉

　넷째, 글로벌 메뉴의 위치에 관한 설문에서는 일반 피험자 30명과 고령의 피험자 30명 가운데 각각 16명이 페이지의 상단에 가로로 길게 나타나는 메뉴가 더 편하다고 답변을 하였으며 14명은 왼쪽에 세로로 나타나는 메뉴가 더 편하다는 답변을 하여 메뉴의 위치에 관한 선호도에서는 별다른 차이가 나타나지 않았다.

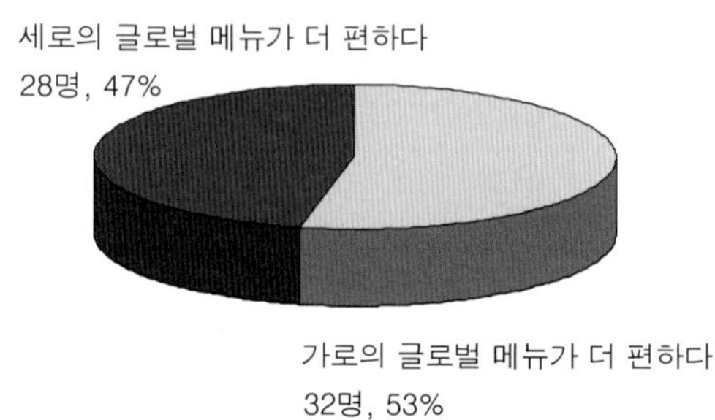

〈피험자의 글로벌 메뉴의 위치에 관한 의견〉

다섯째, 서브 카테고리 메뉴의 위치에 관하여는 일반 피험자의 그룹의 30명 가운데 10명과 고령 피험자의 그룹의 30명 가운데 14명이 가로의 서브 카테고리 메뉴가 더 편리하다는 답변을 하였으며 일반 피험자 20명과 고령 피험자 16명이 세로로 나타나는 서브 카테고리 메뉴가 더 편리하다는 응답을 하여 전체 60명의 응답자 가운데 60%인 36명이 글로벌 메뉴의 항목 아래에 세로로 나타나는 것이 더 편리하다는 답변을 하였다.

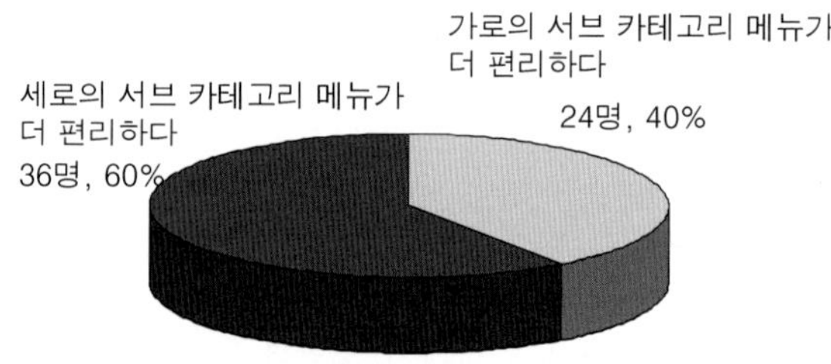

〈피험자의 서브 카테고리 메뉴의 위치에 관한 의견〉

여섯째, 마우스에 반응하는 움직이는 이미지에 관하여는 일반 피험자 그룹의 30명 가운데 6명, 고령 피험자 그룹의 30명 가운데 4명이 흥미롭기 때문에 정보 제공에 필요하다는 답변을 하였다. 일반 피험자 19명과 고령 피험자 12명이 보기에는 흥미로우나 정보 제공에는 불필요하다는 답변을 하였고 일반 피험자 5명과 고령 피험자 12명은 불편하고 전혀 도움이 되지 않는다는 답변을 하였으며 고령 피험자 2명은 답변을 하지 않았다. 마우스에 반응하는 움직이는 이미지에 관하여는 일반 피험자와 고령 피험자 모두 정보 제공에는 불필요하다는 생각을 가지고 있었으며 고령 피험자가 더 부정적인 것으로 나타났다.

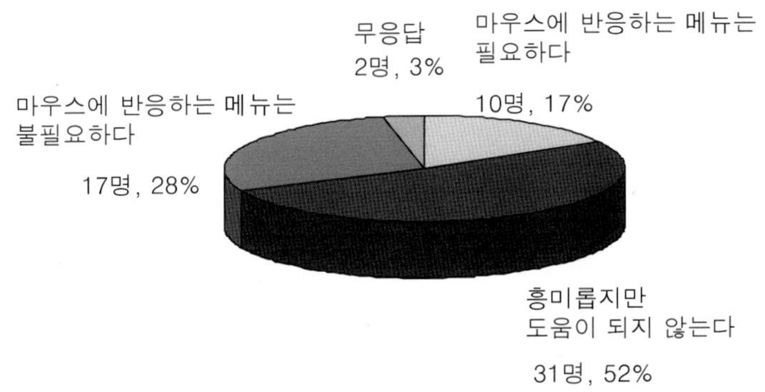

〈피험자의 마우스에 반응하는 메뉴에 관한 의견〉

일곱째, 가장 편리하게 사용한 웹 네비게이션 디자인에 관한 질문에서는 일반 피험자 그룹 30명 가운데 19명이 디자인1이 가장 편리하다는 답변을 하였으며 8명이 디자인2가 편리하다고 답변을 하였고 3명이 디자인3이 편리하다는 답변을 하였으며 디자인3이 편리하다고 답변을 한 피험자는 없었다. 고령 피험자 그룹은 30명 중 15명이 디자인1이 가장 편리하다는 답변을 하였으며 8명은 디자인2가 가장 편리하다고 답변을 하였고 6명은 디자인3이 가장 편리하다고 하였으며 디자인4가 가장 편리하다고 답변한 피험자는 없었다. 피험자 60명 가운데 56%에 해당하는 34명이 디자인1이 가장 편리하다고 답변을 하였다.

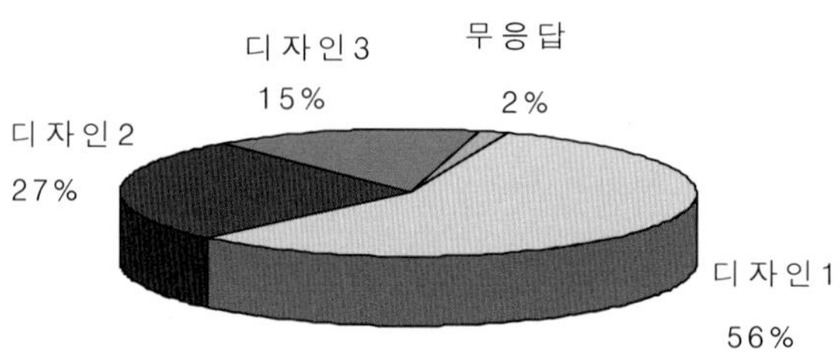

〈피험자가 가장 편리하다고 생각하는 웹 네비게이션 디자인〉

　설문의 결과를 종합해 보면 *고령 피험자와 일반 피험자 모두 큰 텍스트로 제작된 본문과 롤오버 메뉴의 존재를 선호하고 있었으며 글로벌 메뉴 아래에 제시되는 세로의 서브 카테고리 메뉴를 편리하다고 생각하였고 마우스에 반응하는 움직이는 이미지에 관하여는 부정적인 의견을 보여주었다. 고령 피험자와 일반 피험자 모두 가로로 길게 디자인이 된 글로벌 메뉴와 글로벌 메뉴를 롤오버하거나 클릭하면 세로로 제시되는 서브 카테고리 메뉴, 크게 제작이 된 본문의 텍스트와 메뉴의 레이블, 그리고 스크롤이 되지 않는 페이지의 레이아웃으로 제작이 된 디자인1이 가장 편리하다는 응답을 하였다.*

4. 웹 네비게이션 디자인에 관한 종합 논의

사용자가 인터넷을 이용하여 빠른 시간 내에 효율적으로 오류 없이 쉽고 편하게 정보를 찾아갈 수 있는 웹 네비게이션 디자인의 가이드라인을 제안하기 위하여 고령자와 일반인을 대상으로 실험을 실시하고 실험 결과를 분석하였다. 웹 네비게이션 디자인이 성공적으로 이루어지면 사용자는 웹을 통하여 제공되는 방대한 정보를 보다 효과적으로 이용할 수 있다.

조사를 통하여 얻은 결과를 토대로 정보 검색 소요 시간 측면에서 효과적인 웹 네비게이션에 관하여 논의해 보면 다음과 같다.

(1) 고령자를 위한 웹 네비게이션 디자인

고령자를 위한 웹 네비게이션 디자인의 실험 결과를 보면 디자인6에서 고령 피험자들이 평균적으로 가장 짧은 시간 내에 과제를 수행했으며 과제를 가장 늦게 수행하거나 두 번째로 늦게 수행한 피험자가 없는 것으로 보아서 고령 사용자가 가장 쉽고 편하게 사용할 수 있는 웹 네비이션게 디자인이라고 추론할 수 있다. 디자인6은 페이지의 상단에 가로로 길게 디자인이 된 글로벌 메뉴와 글로벌 메뉴를 클릭하면 해당 목록 아래에 세로의 서브 카테고리 메뉴가 나타나는 웹 네비게이션 디자인이었다.

고령 피험자는 페이지의 상단에 가로로 길게 제작이 된 글로벌 메뉴와 그 아래에 세로로 제시되는 서브 카테고리 메뉴를 편리하게 사용하였고 롤오버 메뉴를 클릭하기보다는 글로벌 메뉴를 직접 클릭하는 경우가 많았으며 페이지에 한꺼번에 많이 제시되는 메뉴에서는 원하는 목록을 찾기 어려워했다.

고령 피험자들은 화면 내에 작은 텍스트로 제작이 된 메뉴를 클릭하는 데에 어려움을 보여주고 있었으며 롤오버 메뉴를 다루는 영역이 좁았을 경우에 오류가 많이 나타났다. 이는 Walker 등(1996)의 선행연구에서 밝혀진 것처럼 고령 사용자는 마우스 커서의 정교한 조작에 어려움이 있으며 화면 내에서도 작은 객체를 선택하기가 힘들다는 연구의 내용을 보여주고 있었다.

실험의 결과와 비디오 분석 그리고 심층면접의 결과를 종합해 보면 고령자를 위한 웹 네비게이션 디자인을 다음과 같이 정리할 수 있다.

- *메뉴를 보다 단계적으로 분류해 주고 적은 목록에서 단계적으로 정보를 찾을 수 있는 정보 계층구조의 깊이가 강조되어야 한다.*
- *글로벌 메뉴 아래에 세로로 롤오버 메뉴가 나타나야 한다.*
- *메뉴는 클릭할 수 있는 영역을 넓게 이미지 파일로 제작하여야 한다.*
- *페이지는 스크롤되지 않아야 한다.*
- *본문은 14포인트 이상으로 제작되어야 한다.*

(2) 유니버설 웹 네비게이션 디자인

고령자를 위한 웹 네비게이션 디자인의 실험결과와 문헌연구의 결과에 따라 네 가지의 서로 다른 웹 네비게이션 디자인이 개발이 되었으며 고령자를 위한 웹 네비게이션 디자인을 위한 실험 결과로 제작된 디자인1은 16포인트의 본문으로 이루어져 있으며 페이지의 상단에 가로로 긴 글로벌 메뉴가 위치하고 글로벌 메뉴를 롤오버하거나 클릭하면 그 아래에 세로로 서브 카테고리 메뉴가 나타나는 메뉴로 구성된 네비게이션 디자인이었으며 페이지는 스크롤이 되지 않도록 디자인되었다.

실험 결과 디자인1에서는 고령 피험자뿐 아니라 일반 피험자 모두 가장 빨리 과제를 수행하였다. 정보를 찾아 나가는 단계에서도 첫 번째 계층구조의 페이지까지 이르는 시간뿐 아니라 두 번째, 세 번째 계층구조의 페이지까지 이르는 시간도 가장 짧았다.

실험의 결과와 비디오 분석 그리고 실험 후 설문의 결과를 종합해 보면 다음과 같이 내용을 요약할 수 있다.

- *첫 번째 계층구조의 페이지까지 갈 수 있는 글로벌 메뉴는 페이지의 상단에 가로로 길게 디자인이 되어야 한다.*
- *두 번째 계층구조의 페이지까지 갈 수 있는 서브 카테고리 메뉴는 글로벌 메뉴 아래에 세로로 나타나야 한다.*
- *최하위 메뉴는 그림과 레이블이 복합적으로 이루어져야 한다.*

(3) 고령자와 일반인의 차이점

고령 사용자가 정보 검색 소요 시간 측면에서 효율적으로 정보를 찾을 수 있는 웹 네비게이션 디자인에서는 일반 사용자도 정보를 빨리 찾을 수 있다

큰 텍스트로 제작된 본문과 페이지의 상단에 가로로 길게 디자인이 된 글로벌 메뉴와 글로벌 메뉴를 롤오버하거나 클릭하면 세로로 나타나는 서브 카테고리 메뉴로 구성된 웹 네비게이션 디자인은 고령 사용자와 일반 사용자 모두에게 쉽고 편리한 네비게이션 방식을 제공한다고 할 수 있다.

고령 피험자와 일반 피험자의 차이점을 비디오 분석 측면에서 살펴보면 디자인1에서 일반 피험자 그룹의 30명 중 17명이 글로벌 메뉴 아래의 롤오버 메뉴를 클릭한 것에 비하여 고령 피험자 그룹은 30명 중 8명만이 롤오버 메뉴를 클릭한 것으로 나타나 고령자를 위한 웹 네비게이션 디자인의 실험 결과와 마찬가지로 고령 사용자는 롤오버 메뉴에 의한 네비게이션 디자인보다는 단계적으로 정보를 찾아 나가는 과정이 더 익숙하다고 할 수 있다. 또한 일반 사용자는 롤오버 메뉴를 클릭하여 정보를 찾음으로써 정보 계층구조의 단계를 뛰어넘어 클릭의 횟수를 적게 하는 네비게이션 디자인이 더 익숙한 것으로 나타났다.

큰 텍스트에 관한 설문조사의 결과를 보면 일반 피험자들보다 고령 피험자들이 큰 텍스트를 더 선호하는 것으로 나타나 노화에 따른 시력 변화에 관련된 차이점이 드러난다고 볼 수 있다.

일반 피험자와 고령 피험자가 디자인3에서 정보를 찾아가는 과정에서 나타나는 차이점은 일반 피험자들은 deeper link의 기능이 제공되는 첫 화면에서 해당 목록을 직접 찾는 것에 시간을 많이 소요하였으며 deeper link의 기능으로 인하여 글로벌 메뉴를 인지하는 어려움을 겪는 반면, 고령 피험자들은 첫 화면의 글로벌 메뉴에서 단계적으로 정보를 찾아나갔기 때문에 일반 피험자에 비하여 과제를 빨리 수행할 수 있었다.

디자인4는 움직이는 타이포그래피로 제작이 된 인트로가 존재하고 인트로 다음의 페이지에는 마우스에 반응하는 메뉴로 구성이 되어 있었다. 정보 계층구조의 두 번째 페이지는 next와 before의 클릭으로 페이지를 전환할 수 있는 순차적 연결구조로 제작이 되어 네 가지의 디자인 중에서 가장 많은 클릭을 해야 원하는 페이지에 도달할 수 있는 웹 네비게이션 디자인이었다. 일반 피험자 그룹과 고령 피험자 그룹이 가장 정보 검색 소요 시간을 많이 소요하였으며 오류도 많이 발생시킨 웹 네비게이션 디자인이었다. 비디오 분석의 결과를 보면 일반 피험자들은 움직이는 타이포그래피로 제작이 된 화면을 오래 응시하며 즐기는 반면 고령 피험자들은 인트로를 기피하며 곧바로 메뉴의 화면으로 넘어갔다. 또한 일반 피험자 그룹과 고령 피험자 그룹 모두 마우스에 반응을 하는 메뉴에서는 조작의 어려움이 나타났으며 순차적 연결구조를 보여주는 next 버튼이 작게 제작이 되어 일반 피험자와 고령 피험자 모두 화면에서 해당 버튼을 찾기 어려워했다. 디자인4의 비디오 분석의 결과에서 볼 수 있듯이 고령 사용자는 노화에 따라 대비감도 구분력과 시간적 해상력이 떨어지게 되므로 화면 내에서 이러한 능력이 요구된다면 매우 어려움을 느끼는 것으로 나타났다.

가장 편리한 웹 네비게이션 디자인에 관한 질문에서는 일반 피험자 그룹의 19명과 고령 피험자 그룹의 15명이 모두 디자인1이 가장 편리하다는 답변을 했으며 디자인2가 편리하다는 답변은 고령 피험자 그룹과 일반 피험자 그룹 모두 8명이 답변을 하였고 디자인3에 관하여는 고령 피험자는 7명이 편리하다는 답변을 한 반면 일반 피험자는 3명이 편리하다는 답변을 하여 설문조사의 결과도 정보 검색 소요 시간의 결과와 일치하였다. 정보 검색 소요 시간 측면에서도 디자인1의 결과가 가장 빨랐고 그 다음으로 디자인2, 디자인3, 디자인4의 순이었으며 고령 피험자 그룹의 실험 결과에서 디자인2와 디자인3의 시간의 차이가 별로 나지 않았던 것과 같이 설문 조사에서도 고령 피험자는 가장 편리한 디자인에 관한 질문에서 디자인2와 디자인3과의 차이가 한 사람 밖에 나지 않았다. 또한 대부분의 피험자가 가장 과제를 늦게 수행한 디자인4는 일반 피험자와 고령 피험자 모두 가장 편리하다고 답변을 한 피험자가 없었으므로 정보 검색 소요 시간이 가장 오래 걸린 실험의 결과와도 일치하며 모든 피험자가 가장 불편하게 생각하는 웹 네비게이션 디자인이었다는 것을 알 수 있었다. 따라서 정보 검색 소요 시간이 짧게 걸린 웹 네비게이션 디자인에서는 사용자가 정보를 찾아가는 과정에서 범할 수 있는 오류도 적고 쉽고 편하게 정보를 찾아갈 수 있다.

일반 피험자 그룹과 고령 피험자 그룹이 과제를 수행하는 데 나타난 공통점과 차이점은 다음과 같다.

두 그룹의 피험자 모두 페이지의 상단에 가로로 길게 디자인이 된 글로벌 메뉴와 글로벌 메뉴를 롤오버하거나 클릭하면 그 아래에 세로로 제시되는 서브 카테고리 메뉴, 크게 제작이 된 본문의 텍스트와 메뉴의 레이블, 그리고 스크롤이 되지 않는 페이지의 레이아웃으로 제작이 된 디자인1에서 별다른 오류 없이 가장 빨리 과제를 수행하였으며 가장 편리하다는 응답을 하였다. 두 그룹의 피험자들 모두 크게 처리된 텍스트와 롤오버 메뉴의 존재, 글로벌 메뉴 아래로 세로로 나타나는 서브 카테고리 메뉴를 선호하였으며 마우스에 반응하는 메뉴에 관하여는 부정적인 것으로 나타났다.

차이점은 일반 피험자 그룹은 정보 계층구조의 단계를 뛰어넘는 롤오버 메뉴에 의한 네비게이션 방식에 익숙했으며 고령 피험자 그룹은 단계적인 클릭에 의한 네비게이션 방식에 더 익숙한 것으로 나타났다. 움직이는 이미지와 마우스에 반응하는 이미지에 관하여는 일반 피험자는 흥미를 가지고 있었으나 고령 피험자는 불편한 요소로 생각하였다.

〈일반 피험자와 고령 피험자 그룹간의 공통점과 차이점〉

공통점		차이점
-크게 처리된 본문 텍스트 선호 -롤오버 메뉴의 존재 선호 -글로벌 메뉴 아래 세로로 나타나는 서브 카테고리 메뉴 선호 -마우스에 반응하는 메뉴는 부정적	일반인	-롤오버 메뉴에 의한 네비게이션 방식 선호 -움직이는 이미지와 마우스에 반응하는 이미지에 흥미
	고령	-단계적인 클릭에 의한 네비게이션 방식 선호 -움직이는 이미지와 마우스에 반응하는 이미지에 흥미 없음

(4) 유니버설 디자인/사용편의성/접근성의 원칙에 따른 웹 네비게이션 디자인

유니버설 디자인은 개개인의 개성과 차이점을 인정하는 모든 사용자를 위한 디자인의 개념이며 이러한 유니버설 디자인은 웹 인터페이스 디자인에 있어서 모든 사용자가 효율적으로 정보를 이용할 수 있고 효과적으로 사용할 수 있으며 만족할 수 있는 사용편의성의 이론 그리고 다양한 환경에서 각기 다른 능력의 사용자들이 평등하게 정보를 이용할 수 있는 접근성의 이론과 동일한 목적을 가지고 있다고 말

134

할 수 있으며 이 목적은 결국 모든 사용자를 위한 디자인이라고 할 수 있다.

유니버설 디자인과 사용편의성 접근성의 원칙을 네비게이션 디자인에 적용해 보면 다음과 같다.

유니버설 디자인의 네 가지 원리인 기능을 지원하는 디자인, 수용 가능한 디자인, 접근 가능한 디자인, 안전한 디자인을 웹 네비게이션 디자인에 있어서 적용을 해 보면 사용자가 효과적으로 정보를 찾을 수 있도록 기능적이어야 하며 정보를 찾아 나가는 과정에서 사용자의 오류를 발생시키지 않도록 안전해야 하며 예기치 않은 상황에서 적절한 대안을 제시해야 하는 사용편의성의 원리 그리고 각기 다른 능력의 사용자가 모두 쉽게 접근하여 정보를 찾을 수 있는 하는 접근성의 원리와 동일하다고 할 수 있다.

또한 유니버설 디자인의 일곱 가지 원칙인 동등한 사용, 사용의 융통성, 간단하고 직관적인 사용, 지각할 수 있는 정보, 오류에 대한 포용력, 힘들지 않은 조작, 적당한 크기와 공간을 웹 네비게이션 디자인의 측면에서 살펴보면 접근성의 원리에 따라 환경이나 개인의 능력에 상관없이 누구나 동등하게 정보를 찾을 수 있는 정보를 제공해야 하며 사용편의성 원리에 따라 정보를 찾아가는 방법에서 대안을 제시하는 융통성이 있는 네비게이션 디자인, 정보를 찾는 과정에서 오류를 최소화시키고 오류에 대한 복구가 가능한 네비게이션 디자인, 누구나 지각할 수 있는 정보로 쉽게 정보를 찾을 수 있는 네비게이션 디자인 그리고 누구나 어느 위치에서도 인지할 수 있는 크기로 구성된 네비게이션 디자인이 요구된다고 할 수 있다.

따라서 유니버설 웹 네비게이션 디자인은 누구에게나 쉽고 편하고 효율적으로 정보를 안내해야 하며 모든 사용자는 유니버설 웹 네비게 이션 디자인에서 빠른 시간 내에 오류 없이 쉽고 편하고 효율적으로 정보를 찾을 수 있다.

실험의 결과를 정리하면 다음과 같다.

- 큰 텍스트의 본문으로 제작되고 페이지의 상단에 가로로 길게 디자 인이 된 글로벌 메뉴와 글로벌 메뉴를 롤오버하거나 클릭하면 아래 에 세로로 나타나는 서브 카테고리 메뉴로 구성된 웹 네비게이션 디자인이 정보 검색 소요 시간 측면에서 효과적인 디자인이다.
- 큰 텍스트의 본문으로 제작되고 페이지의 상단에 가로로 길게 디자인이 된 글로벌 메뉴와 글로벌 메뉴를 롤오버하거나 클릭하 면 아래에 세로로 나타나는 서브 카테고리 메뉴로 구성된 웹 네 비게이션 디자인이 오류 발생 측면에서 효과적인 디자인이다.
- 큰 텍스트의 본문으로 제작되고 페이지의 상단에 가로로 길게 디자인이 된 글로벌 메뉴와 글로벌 메뉴를 롤오버하거나 클릭하 면 아래에 세로로 나타나는 서브 카테고리 메뉴로 구성된 웹 네 비게이션 디자인이 유니버설 디자인과 사용편의성을 원리에 따라 효과적인 디자인이다.
- 일반인은 정보 계층구조의 단계를 뛰어넘는 네비게이션을 선호 하고 고령자는 단계적인 네비게이션을 더 선호한다.

Ⅳ. 결 론

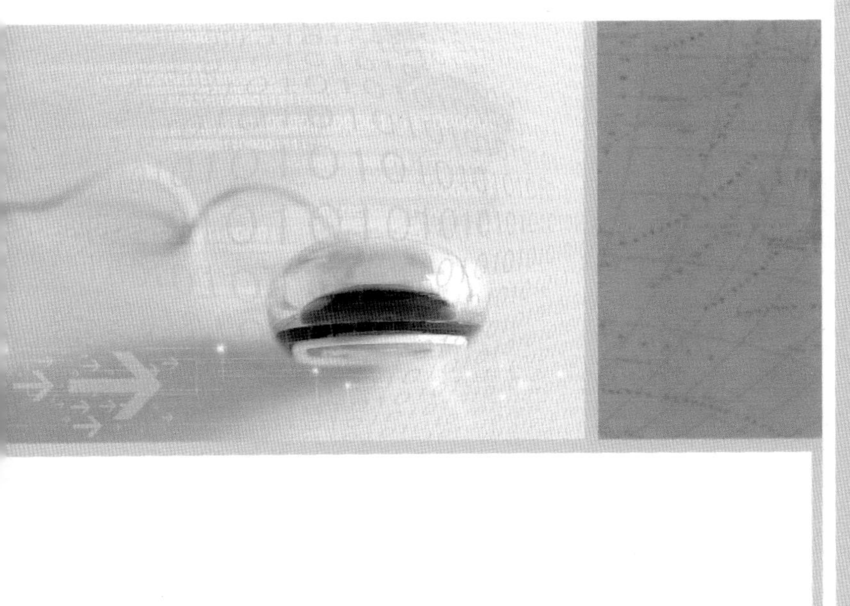

현대 사회는 지식과 정보가 경쟁력이 되고 있으며 인터넷은 정보를 무한하게 제공할 수 있는 가능성을 가진 반면, 복잡한 지적 능력과 학습, 교육을 요구하고 있으므로 이에 따라 디지털 격차가 사회적 문제로 대두되고 있으며 고령화 사회가 진행이 되고 있는 우리나라에서 청·장년층을 중심으로 되어 있는 웹 인터페이스 디자인은 노인들을 정보 소외 계층으로 분리시킬 수 있다.

웹 인터페이스 디자인에 있어서 유니버설 디자인과 사용편의성의 원리가 적용이 된다면 장애인, 노인, 여성, 어린이, 저소득층, 저학력층 등 사회적 약자층도 평등하게 인터넷을 통하여 정보를 제공받을 수 있을 것이다. 또한 모든 사용자가 빠르고 쉽고 편하게 정보를 찾을 수 있는 웹 네비게이션 디자인의 개발은 이러한 사회적 약자층도 일반인과 같이 정보를 이용할 수 있게 되어 디지털 격차의 문제 해결을 가능하게 하고 특히 고령화 사회에서 노인들에게 새로운 가능성을 제공할 수 있다.

고령자를 위한 웹 네비게이션 디자인을 위한 실험에서는 문헌연구와 현황조사를 바탕으로 6개의 웹 네비게이션 디자인을 개발하였으며 고령 사용자들을 대상으로 실험을 실시하였다. 실험에서는 유니버설 디자인과 사용편의성의 원리에 따라 정보를 효율적으로 찾을 수 있는가를 파악하기 위한 정보 검색 소요 시간을 측정하였고, 정보를 찾는 과정에서 길을 잃지는 않는가, 또한 길을 잃었을 때 다시 찾아올 수는 있는가를 파악하기 위한 오류 발생 측면, 그리고 사용자가 보다 편리하게 정보를 찾을 수 있는 웹 네비게이션 디자인 요소의 크기와 위치, 레이아웃에 관한 조사를 하였다.

유니버설 웹 네비게이션 디자인을 위한 실험에서는 고령 사용자를 위한 웹 네비게이션 디자인을 개발하고 서로 다른 특성을 가진 세 가지의 웹 네비게이션 디자인을 추가로 개발하여 일반인과 고령자를 대상으로 하여 실험을 실시하였다.

실험은 나이에 따른 그룹은 개체-간 요인으로 하고 네 가지의 웹 네비게이션 디자인을 개체-내 변수로 하여 측정된 정보 검색 소요 시간을 반복측정 이원변량분석에 의하여 분석하였다. 그리고 일반 피험자와 고령 피험자가 정보를 찾아 나가는 과정을 비디오 분석하여 오류 발생 요인을 조사하였으며 실험 후 네비게이션 디자인 요소의 크기와 위치, 레이아웃에 관한 설문조사를 실시하여 일반 사용자와 고령 사용자가 효율적으로 빠르고 쉽고 편하게 정보를 찾아갈 수 있는 웹 네비게이션 디자인의 공통점과 차이점을 파악하였다.

실험의 결과 일반인과 고령 사용자 모두 고령자를 위한 웹 네비게이션 디자인에서 정보 검색 소요 시간이 가장 짧았으며 오류의 발생도 가장 적었다. 또한 설문조사에서도 일반인과 고령 피험자 모두 고령자를 위한 웹 네비게이션 디자인이 가장 쉽고 편리하다고 응답하였다.

일반인과 고령자 모두 본문의 텍스트와 메뉴의 레이블이 크게 처리되었을 때 쉽고 편하게 정보를 찾을 수 있었고 롤오버 메뉴는 다음 목록을 제시해 주고 있으므로 정보를 찾는 데에 도움이 될 수 있었으며 서브 카테고리의 메뉴는 페이지의 상단에 가로로 길게 위치한 글로벌 메뉴의 아래에 세로로 나타나는 것이 편리하다는 결과를 보여주고 있었다. 마우스에 반응하는 메뉴에서는 일반인과 고령자 모두 사용하는 데에 오류가 많이 발생했으며 불편해하는 것을 알 수 있었다.

일반인과 고령자의 차이점은 고령 사용자는 정보를 구성하는 계층구조에서보다 단계적으로 정보를 찾아가는 것을 선호하기 때문에 계층구조의 깊이가 강조된 웹 네비게이션 디자인이 고령자에게는 더 편리한 디자인이나 일반인에게는 롤오버 메뉴나 컨텐츠 네비게이션 기능을 이용하여 정보 계층구조의 단계를 뛰어넘는 네비게이션을 선호하기 때문에 계층구조의 너비가 강조된 웹 네비게이션 디자인이 일반인에게는 더 편리한 디자인이라고 할 수 있다. 움직이는 타이포그래피로 제작된 인트로와 마우스에 반응하는 메뉴의 경우에는 연령이 낮은 사용자일수록 흥미를 가지고 있으나 연령이 높은 사용자는 불필요하다고 생각하며 불편해하는 것을 알 수 있었다.

고령자가 쉽고 편하게 사용할 수 있는 웹 네비게이션 디자인에서는 고령자뿐 아니라 일반인도 정보를 효율적으로 빠르게 찾을 수 있으며 오류 발생 가능성도 최소화되어 있다. 또한 고령자가 선호하는 웹 네비게이션 디자인 요소의 크기와 위치, 레이아웃은 일반인도 선호한다. 따라서 사용편의성을 위한 유니버설 웹 네비게이션 디자인에서는 고령자와 일반인 모두 빠른 시간 내에 효율적으로 오류 없이 정보를 쉽고 편하게 찾을 수 있다.

유니버설 디자인과 사용편의성의 개념이 강화된 웹 네비게이션 디자인에서는 모든 사용자가 쉽고 편하고 효율적으로 정보를 찾을 수 있으며 이는 사용자가 웹에서 제공되는 정보를 빠른 시간 내에 오류나 어려움 없이 찾을 수 있는 것이다.

고령자를 위한 웹 네비게이션 디자인의 가이드라인을 제시하면 다음과 같다.

- 본문의 텍스트와 메뉴 레이블의 크기는 크게 제작되어야 한다.
- 정보 계층구조의 단계를 뛰어넘는 네비게이션이 아닌 단계적으로 정보를 찾아가는 네비게이션으로 디자인이 되어야 한다.
- 글로벌 메뉴는 클릭과 롤오버 기능을 모두 가져야 한다.
- 서브 카테고리 메뉴는 가로로 길게 제작된 글로벌 메뉴 아래에 세로로 나타나야 한다.
- 페이지는 스크롤이 되지 않아야 한다.
- 메뉴는 짧고 간단한 단어로 제시되어야 한다.
- 한 페이지에 제시되는 메뉴의 항목의 수는 적어야 한다.
- 레이블로만 표현이 되는 메뉴보다는 레이블과 그림을 복합적으로 사용해야 한다.
- 부분적으로 화면을 확대하는 기능이 있어야 한다.
- 사용자가 현재 사용하지 않는 영역은 저절로 톤이 낮추어져야 한다.

고령자를 위한 웹 네비게이션 디자인에서는 고령자뿐 아니라 일반인도 정보를 효율적으로 빠르게 찾을 수 있으며 오류 발생 가능성이 최소화되어 있다. 또한 고령자가 선호하는 웹 네비게이션 디자인 요소의 크기와 위치, 레이아웃은 일반인도 선호한다.

고령 사용자와 일반 사용자의 차이점은 고령 사용자는 메뉴가 단계적으로 분류될 수 있도록 정보를 구성하는 계층구조의 깊이가 강조된 정보설계로 디자인이 된 웹 네비게이션 디자인을 선호하는 반면 일반 사용자는 정보를 구성하는 계층구조의 단계를 뛰어넘는 너비가 강조된 계층구조로 제작이 된 웹 네비게이션 디자인을 선호한다. 또한 고령 사용자는 일반 사용자에 비하여 큰 텍스트를 더 선호하고 있으며 애니메이션이나 마우스에 반응하는 이미지는 일반 사용자에 비하여 고령 사용자에게 오류 발생 가능성을 더욱 증가시키고 불편함을 느끼게 한다.

이상에서 제시하는 바와 같이 유니버설 웹 네비게이션 디자인에서는 고령자와 일반인 모두 빠른 시간 내에 오류 없이 정보를 쉽고 편하고 효율적으로 찾을 수 있으며 유니버설 웹 네비게이션 디자인의 개발은 고령화 사회에서 고령자의 인터넷 사용을 활성화시켜 고령자에게 여러 가지 가능성을 제시해 줄 수 있다.

1) 사용편의성(usability)

사용자가 제품을 사용하여 직무를 빠르고 쉽게 완수하는 것으로 국내에서는 사용성 또는 사용편의성으로 해석되고 있으나 여기에서는 사용편의성으로 통일하였다.

2) 정보 설계(information architecture)

사용자가 쉽고 빠르게 원하는 정보를 찾아 업무를 성공적으로 수행할 수 있도록 정보를 보다 효율적으로 구성하는 것이다.

3) 계층구조(hierarchical structure)

정보 설계의 가장 전형적인 구조로 한 개의 상위의 개념에서 여러 개의 하위의 개념이 파생되는 구조로 내용 간의 연계성이 강조가 되며 정보의 깊이(depth)와 너비(width)가 나타날 수 있는 구조이다. 정보 계층구조의 너비가 강조되면 사용자가 현재의 페이지에서 다음 페이지로 넘어갈 수 있는 경우의 수가 많아지고 정보 계층구조의 깊이가 강조되면 정보의 세분화가 이루어져 사용자가 최종의 정보를 얻기까지의 단계적 접근이 가능하고 보다 체계적인 정보를 얻을 수 있는 정보설계의 유형이다.

4) 순차적 연결구조

순차적 연결구조는 정보를 순차적으로 전개시켜 나가는 구조로 일 방향, 또는 양 방향으로 전개가 가능하며 순차적인 내용의 전개가 이루어지는 유아용 동화와 같은 컨텐츠에서 많이 나타나는 구조이다.

5) 이미지 맵(image map)

인터넷에서 그림과 같은 이미지에 링크 영역을 설정한 뒤, 그 영역에 대고 마우스를 눌렀을 때 다른 문서나 책갈피로 이동할 수 있도록 하는 기법이다.

6) 웹 네비게이션 디자인(web navigation design)

웹에는 보여지는 매우 방대한 정보는 정보설계에 따라 일반적인 규칙을 가지고 체계적으로 분류되고 이렇게 분류된 정보를 사용자에게 안내하는 길잡이의 역할을 하는 것이 웹 네비게이션 디자인이다.

7) 글로벌 메뉴(global menu)

글로벌 메뉴는 글로벌 네비게이션(global navigation)의 하나로 전체 사이트에 항상 고정적으로 배치되는 메뉴군(primary navigation)으로 정보 계층구조의 첫 번째의 단계(depth1)의 페이지에 이를 수 있도록 하는 메뉴를 의미한다.

8) 서브 카테고리 메뉴(sub-category menu)

서브 카테고리 메뉴는 글로벌 메뉴에서 파생된 메뉴로 정보 계층구조의 두 번째의 단계(depth2)의 페이지에 이를 수 있도록 하는 메뉴를 의미한다.

9) 롤오버 메뉴(rollover menu)

마우스 포인터가 메뉴 위에 있으며 클릭은 하지 않은 상태에서 다음 카테고리의 항목들이 제시되는 메뉴이다.

10) deeper link

컨텐츠 영역에서 활용하는 네비게이션 영역(tertiary navigation)으로 메인 페이지나 섹션 첫 페이지에서 컨텐츠 페이지로 바로 이동할 수 있는 링크방식을 말하고 있다.

11) 인트로(intro)

웹 사이트에서 본 내용을 보여주기 전에 사용자에게 그 사이트의 내용을 함축적으로 제시하고 흥미를 주기 위한 페이지로 플래시(flash) 애니메이션으로 제작되어 있는 경우가 많다.

참고문헌

권만우(2004). 휴먼미디어 인터페이스. 서울: 한국학술정보(주).

김미혜, 서혜경(2002). 노인복지실천론. 서울: 동인.

김윤일(2002). 고령화 사회의 도래에 따른 한국 실버산업의 발전방향. 연세대학교 석사학위 청구논문.

노재범 외(1999). 인터넷 시대의 기업경영, 삼성경제연구소 연구보고서.

박성호(2003). 인터넷미디어의 이해와 활용. 서울: 커뮤니케이션북스.

박영목, 이동연 역. 서울: 지호.

박정아(2000). 유니버설 디자인 환경 및 제품의 디자인 특성 분석 연구. 연세대학교 박사학위 청구논문.

배윤선, 이현주(2000). 웹 사이트의 유형분류에 따른 정보설계 및 메뉴디자인의 특성 연구, 디자인학연구 제52호.

성동규, 라도삼(2002). 인터넷과 커뮤니케이션. 서울: 한울아카데미.

이연숙(2005). 21세기 환경 및 제품디자인 이론과 실제: 유니버설디자인. 서울: 연세대학교 출판부.

이종호, 이람, 최병호(2003). 인포메이션 아키텍쳐. 서울: 한빛미디어.

일본인간공학회 스크린디자인 연구회(2003). GUI 디자인 가이드. 이진호, 이남식 역. 서울: 안그라픽스.

임도헌(2002). 웹 유저빌리티. 서울: 영진닷컴.

카이호 히로유키, 하라다 에츠코, 쿠로스 마사아키(1998). 인터페이스란 무엇인가.

홍명신(2003). 노인의 인터넷 이용에 관한 연구- 초기노인을 중심으로, 한국노년학회지 제23호.

Null, Roberta L. Null, Ph.D.(1999). 유니버설 디자인. 이연숙 교수 연구실 역. 서울: 태림문화사.

이시대의 좋은 디자인 유니버설 디자인 도록(2004). 서울: 예술의 전당.

오가와 히로시, 고토오 야스나리(2006). 웹 이노베이션. 권민 역. 성남: 위즈나인.

Badre, Albert N.(2002). *Shaping Web Usability: Interaction Design in Context.* Pearson: Addison-Wesley.

Beaver, M. L(1983), *Human Service Practice with the Elderly.* Prentice-Hall.

Christierson, Eric and Donna Pantou(1998), *Universal Design for Library Pages: Providing Access for Users with Disabilities.* San Jose State University Faculty Diversity grant project.

Dumas, Joseph S. and Janice C. Redish(1999). *A Practical Guide to Usability Testing.* Bristol: Intellect, Ltd.

Fleming, Jennifer(1999). *Web Navigation: Designing the User Experience.* Sebastopol: O'Reilly & Associates, Inc.

Head, Alison J.(1999). *Design Wise: A Guide for Evaluating the Interface Design of Information Resources.* Portland: Book News, Inc.

Nielsen, Jakob(1999). *Designing Web Usability: The Practice of Simplicity.* Berkeley: New Riders Press.

Pollak, Otto(1948), *Social Adjustment in Old Age.* New York: Social Science Research.

Thatcher, Jim(2002). *Constructing Accessible Web Sites.* Birmingham: Peer Information Inc.

■ 웹 사이트

http://able.kbs.co.kr
http://www.kepad.or.kr/blind/blind.htm
http://jr.naver.com
http://kr.kids.yahoo.com
http://www.samsungnc.com/index.asp
http://www.helpage.or.kr
http://www.w3.org/TR/WCAG10
http:www.acess-board.gov/sec508/guide/index.htm
http://www.vec.co.kr/7eye/7eye-018.php
http://www.naver.com/
http://www.nate.com/
http://www.daum.net/
http://www.rankey.com/
http://www.100hot.co.kr/

■ 공문서

(한국. RI Korea 2002)
(한국. 코리안클릭 2002)
(한국. 통계청 2003. 10)
(한국. 보건복지부 2003. 10)
(한국. 정보통신부 2003. 12)
(한국. 한국인터넷학정보센터 2003. 12)
(한국. 리서치인터내셔널 2004. 3)
(한국. 코리안클릭 2004. 3)

· 저자 ·

배윤선

· 약 력 ·

배윤선은 연세대학교 주거환경학과를 졸업하고 미국 School of
Visual Arts에서 Computer Art로 석사학위(MFA)를,
연세대학교 생활디자인학과에서 디자인학박사학위를 수여받았다.
연세대와 이화여대, 경희대, 동덕여대에서 외래교수로
강의하였고, 2003년부터 현재까지 한국싸이버대학교
디지털미디어디자인학부 교수로 재직하면서 콘텐츠디자인,
유니버설 디자인 등에 관한 연구를 계속하고 있다.

고령화 사회와
유니버설 웹 네비게이션 디자인

· 초판 인쇄	2007년 6월 15일
· 초판 발행	2007년 6월 15일
· 지 은 이	배윤선
· 펴 낸 이	채종준
· 펴 낸 곳	한국학술정보㈜
	경기도 파주시 교하읍 문발리 526-2
	파주출판문화정보산업단지
	전화 031) 908-3181(대표) · 팩스 031) 908-3189
	홈페이지 http://www.kstudy.com
	e-mail(출판사업부) publish@kstudy.com
· 등 록	제일산-115호(2000. 6. 19)
· 가 격	20,000원

ISBN 978-89-534-6855-9 93330 (Paper Book)
      978-89-534-6856-6 98330 (e-Book)